KB155764

사회복지현장에서의 동기강화상담

Motivational Interviewing:
A Workbook for Social Workers

Jacqueline Corcoran 저
신성만·장승옥·유채영·김준영 공역

역 자
서 문

중독자들의 행동변화를 돕기 위해 처음 시작되었던 동기강화상담(Motiva-tional Interviewing)은 시간이 지나면서 중독분야 뿐 아니라 행동변화의 동기가 부족하거나 동기의 지속이 필요한 다양한 장면에까지 확산, 적용되어 오고 있다. 우리나라에서도 사회복지 서비스의 수요와 기대가 증가함에 따라 실천 현장의 사회복지사들은 행동의 변화가 필요한, 그러나 동기는 부족한 클라이 언트들을 점점 더 자주 접하게 된다. 이들의 변화를 돕고 내적동기를 더욱 극대화하고 지속시키는 데 가장 효과적인 대화방법이 MI라는 사실은 전 세 계적으로 그 효과성을 입증하는 연구들이 쏟아져 나오고 축적되어 가는 것으 로도 미루어 알 수 있다. 근거 중심적 개입 서비스 매뉴얼의 상당수가 MI를 기본적 대화방식으로 채택하고 있고 미국 사회복지사 교육을 선도하는 다수 의 대학커리큘럼에서도 MI를 독립과목으로 가르치고 있다. 수년 동안 이러한 국내외 추세의 변화를 목격해 오면서 그리고 현장에서 활동하는 사회복지사 제자들로부터 사회복지 현장에 보다 부합하는 동기강화상담 지침서의 필요에 대한 요청 및 압박을 받아오던 차에 만나게 된 책이 바로 Corcoran 교수가 집필한 Motivational Interviewing: A Workbook for Social Workers였다.

이 책은 수년간 현장에서 숙련된 저자가 사회복지 현장의 필요에 부응하 기 위해 연구이론을 상황 속 실제에 적용시키는 데 주안점을 두고 쓴, 그래 서인지 풍부한 예시와 더불어 알기 쉬운 내용으로 구성된 MI 지침서이다. 첫 눈에 매우 유용한 책임을 알아보았으나 막상 혼자 번역해 소개할 엄두를 내지 못하고 있던 차에 존경하는 충남대학교 유채영 교수님과 계명대학교 장승옥 교수님께서 책의 필요성에 동의해 주시고 참여해 주셨기에 번역작업을 시작할 수 있었다. 또한 미국의 Case Western Reserve 대학에서 사회복지학 박사과정을 마쳐가고 있는 김준영 선생이 미국에서 사회복지학과 대학원 수업 과정에서 배운 MI 접근과 현장 적용을 통해 얻은 최신의 이해를 토대로 번역진에 함께 할 수 있었던 것 역시 여러 가지로 힘이 되었던 부분이다.

MI의 효과성은 전술하였듯이 다양한 대상과 문화권을 포함하여 방대한 연구가 이루어져 있고 이제는 왜 그러한 효과가 나타나는지에 대한 연구로 근거연구의 방향이 옮겨가고 있는 추세이다. 이제 남은 것은 이 접근을 얼마나 충실하게 실천 현장에 녹여내는가 바로 그 과제가 아닐까 생각해 본다. 그런 측면에서 이 책은 분명 현장의 사회복지사들로 하여금 MI를 충실하게 실천과정에서 구현해 낼 수 있도록 도와주는 효과적인 도구가 될 것이라 확신한다.

책이 나올 수 있도록 허락해 주시고 지원을 아끼지 않으신 박영사 안상준 상무님과 편집부에 감사의 말씀을 전한다. 또한 원서를 함께 읽고 번역에 대한 피드백으로 도움을 준 한동대학교 임병훈, 이의빈, 그리고 박영규 선생에게 고마움을 표한다. 끝으로 오늘도 여전히 어려운 사회복지실천 현장에서 묵묵히 고귀한 일들을 감당하고 있는 사회복지사들에게 마음으로부터의 존경과 감사를 전한다.

2017년 가을
역자 대표

감사의
말

표와 참고문헌을 비롯하여 사례 예시를 꼼꼼히 검토해 준 나의 연구 조교인 Francesca Teixeira에게 큰 감사를 전한다. 다른 연구 조교인 Jessie Kadolph는 저술을 시작할 당시 책 내용을 조직하는 데 도움을 주었다. 나는 이 책의 내용을 과거 몇 년간 Virginia Commonwealth 대학교의 사회복지학부에서 개인, 가족, 집단 사회복지 실천 수업에서 개발하고 가르쳐 왔다. 책에 등장한 여러 사례를 제공해주었던 학생들인 Holly Bunn, Lisa Genser, Erica Jackson, Larissa Jackson, Lisa Katerman, Audrey Leanord, Tomara Money, Tiffany Mothershead, Marissa Parker, Brittany Sanders, Kelly Schorling, Deidre Sledge, Luren Stewart, Pakisha Wortham에게도 감사를 표한다. 또한 Texas Austin 대학교의 David Springer가 자신의 훌륭한 상담 사례를 제공해 준 것과 Virginia Commonwealth 대학교의 동료인 Elizabeth Cramer가 배우자 폭력 장에 대해 피드백을 제공해 준 것에 감사한다. 이 책을 쓰는 데 도움을 주신 모든 분들에게 고마움을 전한다.

차례

CHAPTER

01 소개 및 개요

1. 이 책의 독자 및 학습형태 _8

CHAPTER

02 변화단계 모델과 동기강화상담

1. 전숙고단계 _14
2. 숙고단계 _16
3. 결심단계 _21
4. 실행단계 _24
5. 유지단계 _26
6. 재발단계 _27
7. 결 론 _30

CHAPTER

03 반영적 진술과 공감 표현

1. 단순반영   _33
2. 내담자의 주인의식 강조하기   _44
3. 결론   _49

CHAPTER

04 열린 질문

1. 정의   _53
2. 자기동기강화 진술 이끌어 내기   _63
3. 결론   _68

CHAPTER

05 유지대화에 반응하기

1. 유지대화에 대한 반영 응답   _71
2. 단순반영   _72
3. 확대반영   _73
4. 양면반영   _75

5. 재구조화 _76

6. 초점 바꾸기 _77

7. 자율성 강조하기 _79

8. 요약 _83

9. 결론 _93

CHAPTER

06 인정하기의 실천

1. 인정하기 _97

2. 재구조화 _98

3. 생리심리사회적 평가를 통한 강점과 자원을 유발하기 _100

4. 내담자의 가치와 목적 _109

5. 변화에 대한 자신감 쌓기 _111

6. 결론 _112

CHAPTER

07 양가감정 탐색하기

1. 문제 행동은 어떤 필요를 충족시키는가? _118

2. 문제 행동의 단점 _121

3. 아동, 청소년의 양가감정 탐색하기 _124

4. 변화의 장점 _127

5. 변화의 문제점 _134

6. 사례 계획 준수를 위한 결정저울 _142

7. 결론 _146

CHAPTER

08 동기강화상담과 원조 과정

1. 관계 형성하기 _149

2. 평가와 목표설정 _158

3. 개입 _171

4. 종결 _184

5. 결론 _186

CHAPTER

09 동기강화상담과 우울증

1. 동기강화상담과 우울증에 관한 문헌 검토 _190

2. 원조과정에서 동기강화상담 사용하기 _191

3. 우울한 것의 장점 _195

4. 결론 _202

CHAPTER

10 배우자 폭력과 동기강화상담

1. 문헌 검토 _206
2. 변화 단계 _207
3. 협동 자세 유지하기 _209
4. 변화에 대한 양가감정을 탐색하고 이해하기 _211
5. "저항"을 다루는 방법 _226
6. 내담자의 변화준비언어 _229
7. 결론 _231
【부록】 양가감정 탐색의 예시 _231

찾아보기 241
참고문헌 243

CHAPTER

01

소개 및 개요

● ● ●

CHAPTER

01 소개 및 개요

동 기강화상담은 양가감정을 탐색하고 변화에 대한 동기를 강화시키는 인간중심적이며 협력적인 상담법이다(Miller & Rollnick, 2012). 이 상담은 철학과 방법론을 모두 아우르고 있다. 동기강화상담 정신에 포함되는 여러 요소들은 많은 부분에 있어 사회복지 영역에서의 윤리, 가치관과 일맥상통한다. 해당 요소들은 협동정신, 수용, 연민, 유발성으로 [표 1.1]에 자세히 소개되어 있다.

동기강화상담은 직면과 낙인보다 인간의 존엄성을 근본으로 하는 사회복지적 가치인 협력과 협동을 강조하고 있다. 인간의 존엄성에 대한 존중의 일환으로 동기강화는 개입의 초점을 개인의 강점과 약점을 포괄하는 전인적 인간에 둔다. 동기강화상담은 본질적으로 강점을 기본 토대로 하며(Manthey, Knowles, Asher, & Wahab, 2011), 내담자의 전문성 활성화 그리고 동기부여가 그 뼈대를 이룬다(Milelr & Rollnick, 2012). 또한 내담자를 어딘가 결여되어 있거나 병리적인 상태로 보지 않고, 변화에 필요한 요소들을 이미 가지고 있는 대상으로 본다(Westra, 2012). 여기서 사회복지사의 역할은 이러한 변화 과정을 촉진시키는 것이다.

동기강화상담은 사람들 자신이 변할지 말지, 변한다면 어느 정도 변할 것인지, 또는 어떻게 변화할 것인지에 대한 자기결정권이 있다고 본다. 내담자에겐 스스로 올바른 결정을 내릴 수 있도록 자율성이 주어진다. 더 나아가

표 1.1	동기강화상담 정신

동기강화상담 정신의 주요 상호 요소	
협동정신	변화의 자원과 동기 측면에서의 협력과 내담자의 전문성 활성화 (Miller & Rollnick, 2012, p. 5)
수용	개인 안에 내재된 가치를 높이 평가, 정확한 공감, 자율성의 존중, 인정
연민	"타인의 복지와 이익을 위해 심사숙고하는 노력(Miller & Rollnick, 2012, p. 20)"
유발성	"사람들에게는 자신에게 필요한 것들이 이미 그 내면에 충분하며, 당신의 역할은 그저 이 사실을 환기시키고 유발하는 것이다" (Miller & Rollnick, 2012, p. 21)

동기강화상담은 사회복지사와 내담자의 관계를 통해 인간관계의 가치를 묘사한다. 여기서 협력 관계는 변화의 수단으로써 강조된다. 동기를 고정된 상태 또는 내담자 내면에 안착되어 있는 특성으로 보지 않고 내담자와 사회복지사의 상호 작용의 산물로 간주한다. 그 결과, 어떤 경우 내담자 비난으로 변하는 "내담자 저항"을 피할 수 있게 된다. 마지막으로, 사람들의 가치관을 탐색하고 문제 행동이 그러한 가치관과 어떻게 연관되는지 탐색함으로써 문화적 민감성이 조정될 수 있다. 사회복지사는 관계 안의 권력구조를 이용해 내담자에게 무엇을 할 지 명령하는 역할이 아니라, 내담자에게 알맞는 변화 방법을 찾을 수 있도록 안내하는 역할이다(표 1.2).

열린 질문하기, 반영하기, 강점 찾기, 요약하기와 같은 몇 가지 동기강화상담(MI)의 핵심 기술은 이미 독자들에게 익숙할 것이다. 실제로, 공감적 경청하기와 인정하기는 동기강화상담에서 기본 중 기본인 기술이다. 비록 이러한 기술은 비지시적 상담에서부터 유래했지만(Rogers, 1951), 동기강화상담은 몇 가지 부분에 있어 핵심적인 차이점을 지닌다. 비지시적 상담에서는 내담자가 논의의 방향과 내용을 결정할 수 있도록 하지만 동기강화상담에서 임상

표 1.2	사회복지와의 적합성
사회복지	**동기강화상담**
개인의 가치와 존엄성 존중	개인 안에 내재되어 있는 가치를 존중
자기결정권	자율성을 높이 평가하며 존중
인간관계의 중요성	협동관계를 강조하며, 저항은 병리적인 것이 아닌 상호작용의 결과
문화의 다양성	어떠한 가치관들이 중요하고, 그 가치관들이 현재 문제시 되는 행동과 어떤 연관성이 있는지 질문
내담자의 입장에서부터 시작	협동적인 상담은 내담자의 입장보다 앞서지 않으며 내담자가 있는 곳에 같이 머무는 것
강점관점	변화의 자원과 동기 측면에서 내담자의 전문성 활성화
서비스	"타인의 복지와 이익을 위해 심사숙고하는 노력 (Miller & Rollnick, 2012, p. 20)"

실무자는 내담자의 동기를 차근히 강화하는 방향으로 상담과정을 체계적으로 이끈다. 비지시적 상담에서 공감적 반영하기는 내담자가 어느 방향으로 가고 있던 상관없이 갈등과 감정이 발생하는 순간 사용된다. 그러나 동기강화상담 에서의 공감은 내담자의 변화 대화를 지지하기 위해 활용된다. 임상 실무자 는 변화 대화에 한해서 부분적으로 반영하고 인정하며 내담자에게 변화에 대한 표현을 구체적으로 다시 말해주길 요청한다. 또한 사회복지사는 변화에 대한 동기를 북돋기 위해 장기적인 건강 문제 또는 특정한 문제가 어떻게 내담자의 발목을 잡고 있는지 묻고, 이러한 과정 등을 통해 의도적으로 내담자의 가치와 목표 사이의 불일치감을 형성한다(Miller & Rollnick, 2012). 불일치감 형성하기의 기초는 인지부조화 이론에서부터 비롯되는데(Festinger, 1957), 내담자는 불일치감으로부터 오는 불편함을 해소하기 위해 변화를 결정하게 된다 (Lundahl & Burke, 2009).

철학적 적합성과 더불어 사회복지사가 동기강화상담을 배워야 하는 또 다른 이유는 동기강화상담이 전 세계적으로 널리 보급되고 실천되는 상담법이고, 사회복지 업무상 현대적 실천 접근법을 최신으로 유지해야 하기 때문이다. 또한 동기강화상담은 체계적인 문헌검토를 통해 약물 남용(Smedslulnd et al., 2011), 우울과 불안 공병장애(Baker et al., 2012a), 정신장애(Baker et al., 2012b), HIV에 감염된 청소년의 위험 감소(Mbuagbaw, Ye, & Thabane, 2012)와 같이 사회복지에서 주시하는 사회문제에 긍정적인 영향을 미치는 것이 입증된 증거기반 접근법이다. 동기강화상담은 실제 미국의 SAMHSA*의 국립증거기반프로그램 및 실천 레지스트리와 같은 증거기반리스트에 등록되어 있다.

룬달Lundahl과 벌크Burke(2009)는 다방면에 걸친 문제들과 동기강화상담을 연구한 4개의 메타분석 논문을 검토하였다. 전반적으로, 그들은 동기강화상담이 치료개입이 없을 때에 비해 10%-20% 정도 가량 더 효과적이고, 다양한 문제에 대한 다른 실행 가능한 치료들과 비교해봤을 때 대체로 비슷한 효과가 난다는 사실을 발견하였다. 그러나, MI는 일반적으로 타 치료 방법보다 더 짧은 시간을 가지고 개입한다(한 회기당 50분일 때 평균적으로 대략 2회 정도 회기를 적게 함). 이렇게 단축된 시간은 종종 자원과 인력이 부족한 사회복지 영역에서 MI가 비용 면에서 보다 효율적임을 뜻한다. 여기에 더하여 룬달과 벌크는 특히 라틴계 그리고 아프리카계 미국인과 같은 소수 민족 내담자에게 MI가 더 효과적인 것을 발견하였다. 그들은 "내담자 중심적이고, 지지적이며, 대립하는 않은 스타일의 MI는 문화적으로 더 존중적인 형태를 띤다"고 말한다(p. 1241).

사회복지사가 동기강화상담에 능통해야 하는 또 다른 이유는 "상담"이라는 단어에서 느껴지는 바와 같이, MI는 임상 현장에서만 사용이 국한되는 것

---

* 역자주: SAMHSA−물질남용 및 정신건강서비스국(Substance Abuse and Mental Health Services Administration)은 미국 건강 및 인간서비스 부처 산하 행정기관으로 질병, 장애, 사망률을 감소시키고 물질남용 및 정신질환으로 인한 사회적 비용을 줄이기 위한 치료 및 재활, 예방 서비스의 양과 질을 향상시키는 데 목적을 두고 있다.

이 아니기 때문이다. 오히려 MI는 다양한 범주의 문제들에 적용이 가능하며, 사회복지사가 직접 참여하고 있는 실제 현장에서 도움이 된다. 실질적인 예로 *건강관리 속 동기강화상담: 환자의 행동변화 돕기*라는 책의 초점은 건강관리이다(Rollnich, Miller, & Butler, 2007). 사회복지사는 병원, 무료 진료소, 장기 요양 보호소 같은 다양한 건강관련 기관뿐 아니라 다른 종류의 기관에서도 일하게 된다. 건강관리와 더불어, 동기강화상담은 정신건강 영역과(Arkowitz, Westra, Miller, & Rollnick, 2008), 다양한 사회 및 인간 서비스 기관에서도 적용될 수 있다. MI의 또 다른 실질적 유용성은 단 한번의 접촉만으로도 상담이 가능하다는 점이다. 사회복지사업은 종종 다양한 장면에서 발생하는 위기에 대한 위기 개입 서비스를 제공한다.

사회복지와 MI의 양립성을 이해하는 것 이외에도, 사회복지사로서 수행할 여러 역할 중 MI가 어느 상황에 제일 적합한지 이해하는 것은 매우 중요하다. 어떤 경우에는, 사회복지사인 당신이 교통수단 이용, 주택 구매, 수혜받기를 보조하는 것부터 시작해서 사례관리, 옹호, 프로그램 기획과 자금 제공까지의 다양한 서비스를 제공해야 할 수도 있다. MI의 사용은 특히 변화 준비가 되지 않은 초기의 내담자를 대상으로 행동 변화를 이끌어 내야 할 때 가장 적합하다.

사회복지사는 주로 사회적으로 취약하고 억압받는 계층에 속하는 클라이언트와 작업하게 되는데 그에 대한 부산물로 어떤 경우에는 법원으로부터 강제적으로 사회복지 서비스를 받도록 명령을 받는 사람들과 일하게 된다. 위임된 집단과 성공적으로 일하기 위해서, 사회복지사는 먼저 초기에 변화를 원하지 않는 사람들에게 어떻게 접근할지 심혈을 기울여야 한다. 이에 대한 접근법은 협조 관계의 비자발적인 알코올 문제 사용 집단과 함께 개발되었다.([표 1.3]은 사회복지사가 동기강화상담을 배워야 하는 이유의 요약본을 제공한다)

마지막으로 MI는 독립적인 모델로 사용될 수 있지만, 인지행동 치료 및 대인관계 치료와 같은 여타 서비스 참여 동기를 강화하기 위한 초기 개입으로도 채택할 수 있다. 웨스트라Westra(2012)가 설명했듯이 "많은 행동지향적 치료 방법은 전형적으로 어떻게 하는 것보다 무엇을 해야 하는지에 구체적으

| 표 1.3 | 사회복지사가 동기강화상담을 배워야 하는 이유 |

- 사회복지 가치와의 적합성
- 현대적 실천 접근법
- 증거 기반
- 학사 또는 석사과정의 실천가들에 의해 사용될 수 있음
- 변화할 준비가 되어 있지 않은 사람들을 위해 고안되었고 사회복지 실천은 법원 제도, 아동 복지 및 기타 위임된 공공 기관과 연계되어 있음
- 다양한 집단과 문제를 대상으로 사용될 수 있음
- 일회성 상담에서 사용 가능함.

로 명시하는 것에 더 능숙하다"(p. 15). 그렇기 때문에 MI는 유연성을 가지고 독립적으로 사용될 수도 있고 더 많은 다른 행동지향적 개입과 통합되어서 사용될 수도 있다.

　제 2장에서는 초이론적 변화 단계 모형을 기술함과 동시에 내담자의 변화 준비도에 따른 동기강화상담의 사용을 설명할 것이다. 이를 통해 독자들은 동기강화상담을 이용한 접근을 언제 사용해야 할 것인지 명백히 알게 될 것이다.

1 　이 책의 독자 및 학습형태

　이 책의 독자는 사회복지학 학사(BSW)와 석사(MSW) 및 MI 입문자 모두를 대상으로 한다. MI 훈련에 관한 메타 분석은 오직 학부생들만 대상으로 진행 되었다(Madson, Loignon, & Lane, 2009). 따라서, 학사과정의 학생이라면 성공적으로 MI 훈련을 받을 수 있을 것이다. 특히, MI가 사회복지학 용어와 친숙한 언어로, 그리고 사회복지 현장과 관련된 집단 또는 문제를 모두 망라하는 언어로 표현될 때 훈련은 더욱 성공적일 것이다. 이것이 바로 이 책의 목적이다.

　메드슨Madson과 그의 동료들(2009)의 문헌검토 작업에 의하면 MI를 배우

기 위한 최적의 장소는 교육 워크숍이 아니라 오히려 이 워크북을 사용해 탄탄한 기초를 얻고 지식과 기술을 적용하여 실습하는 데 도움을 줄 수 있는 교실 안이라고 결론을 내렸다. MI를 수행하는 데 있어서 MI 기술을 훈련받는 것은 중요한 과정으로 확인되었다. 이와 관련하여 실습지도자의 지원 역시 필수적이다. *사회복지에서의 동기강화상담 워크북*의 학습 형식은 다음과 같다:

- 간단 명료한 서면 설명과 지침.
- 사회복지사가 나중에 접할 수도 있는 물질 사용 장애, 아동 행동 문제, 친밀한 파트너 폭력, 분노 조절, 우울증, 정신 건강 재발 방지, 실업, 프로그램 준수, 아동학대와 같은 다양한 상황과 문제 그리고 내담자를 포괄한 사례 제공.
- 내담자가 참여할 수 있는 다양한 세팅을 제공. MI는 개별 치료를 위해 만들어졌지만 그룹 설정에도 사용(Wagner & Ingersoll, 2013).
- 비록 신체 건강과 정신 건강이 논의되지만, 이 책은 사회복지사가 고용되어 있는 사회 및 인간 복지 서비스 영역에서 사용되는 MI를 제공.
- 3~5개의 객관식 질문이나 삽화 속 짧은 답변을 통한 응용.
- 추가적인 응용 방법은 실천 현장에서 학생들에 의해 제공될 것.

이 책은 학생들이 내담자와 협력하여 지식과 기술을 연마하고, 그들의 문제 행동을 변화시킬 동기를 부여하는 데 도움을 줄 것이다. 그 시작점으로 [연습 1.1]과 [연습 1.2]는 당신이 가지고 있는 동기강화상담에 관한 초기 지식에 대해 묻는다.

연습 1.1 협동적 진술 식별하기

연습 안내: 다음 문장들을 보고 T(참)와 F(거짓) 중 하나를 선택하시오.

T F 동기강화상담은 단순히 내담자의 말을 잘 듣는 것이다.
T F 가끔 사람들을 변화시키기 위해선 직면해야 한다.

T F 전문가로서의 역할은 내담자가 무엇을 해야 할지 즉각 권고하는 것이다.

T F 양가감정은 변화과정의 자연스러운 한 부분이다.

T F 부인하는 내담자를 다룰 때 가장 좋은 방법은 직면이다.

T F 내담자가 거짓을 말하는지 아닌지 주의를 기울일 필요가 있다.

T F 내담자가 변하지 말아야 할 이유를 늘어 놓을 때 재빠르게 반론을 제기할 수 있어야 한다.

T F 초이론적 변화단계 모델에 기반한다.

T F 상담자가 원하는 방식으로 내담자를 속여 행동하게끔 만드는 것이다.

T F 인지행동 치료의 형태이다.

T F 배우기 쉽다.

T F 당신이 이미 하고 있는 것이다.

T F 모든 임상적 상황에서 만병통치약으로 쓰인다.

연습 1.2 협동적 언어 식별하기

연습 안내: 다음 문장들은 협동적 언어의 예시인가?

네 아니오 "약을 먹지 않는 이상 상태가 호전되지 않을 거예요."

네 아니오 "당신이 하는 일은 불법이고 지금 당장 그만두셔야 합니다."

네 아니오 "당신이 알코올 중독자인걸 인정할 때까지 당신은 변할 수 없습니다."

네 아니오 "만약 소변 검사에서 약물 양성 반응이 나오면 판사가 당신을 구속할 것입니다."

네 아니오 "당신의 아이들을 위해서라도 변화하고 싶지 않으신가요?"

네 아니오 "당신은 그가 당신에게 나쁘게 대하고 그를 떠나고 싶다고 말하면서도 계속해서 그와 함께 지내네요!"

네 아니오 "이건 당신에 관한 일이 아닙니다. 당신의 아이들에 관한 것이죠."

CHAPTER

02

변화단계 모델과
동기강화상담

•••

CHAPTER

02 변화단계 모델과 동기강화상담

프로채스카^{Prochaska}와 동료들은 동기강화상담이 시작된 시기와 거의 동시에 초이론적 변화단계 모델을 개발했다(Connors, Donovan, & Diclemente, 2001; Prochaska & Norcross, 1994). 변화단계 모델은 동기강화상담을 암시적으로 언급하기 때문에 동기강화상담과 자주 혼동된다. 비록 동기강화상담과 변화단계 모델은 상호 보완적이지만, 두 모델은 독립된 심리학파들이 발전시켰다. 동기강화상담의 최신 판에서 저자들은 이전 판에 비해 변화단계 모델과 어느 정도 거리를 두었다. 하지만 이 장에서는 문제행동을 변화시키는 내담자의 준비도가 위치한 지점을 독자들이 이해할 수 있도록 하기 위해 변화단계 모델을 제시하고 있다. 모든 문제들이 동기강화상담에 적절한 것은 아니다. 변화 맥락을 파악하는 것은 동기강화상담이 어떤 문제를 표적화 하고 있는지와 변화과정 중 언제 MI를 적용하는 것이 적절한지 이해하는 데 도움을 준다.

초이론적 변화단계 모델은 새로운 개념화, 즉 사람들이 문제행동을 그만두기 전에 특정 단계들을 거치면서 나아진다는 변화 준비의 관점을 제공한다. 초기에 이 모델은 금연에 초점을 두었지만, 현재는 모든 유형의 문제행위를 위한 모델로 사용되고 있다. 내담자의 준비도에 따라서 다른 이론적 접근에서 나온 기법들이 사용되는데, 여기서는 이 단계들을 간략하게 기술하여 독자가 변화단계 모델 안에 동기강화상담이 자리잡은 방식을 이해할 수 있도록 한다. 비록 이 모델의 단계들이 일직선상으로 진행한다는 것이 검증되지 않았지만, 행동이 변화하기에 앞서 태도가 변화한다고 보고한다. 변화 단계들을 개념화하는 것은 어떤 개입을 언제 실행하는 것이 최선인가 하는 임상적 기준을 제공하는 데 도움이 될 수 있다. 이 장에는 동기강화상담의 단계들이 자세히 설명되어 있으며, 동기강화상담 실행과 관련된 사례와 연습문제가 제시되어 있다.

1 전숙고단계

전숙고단계에 있는 내담자는 자신에게 문제 행동이 없다고 생각하기 때문에 그에 대해 무엇도 하려 하지 않는다(Connors et al., 2001). 이 단계에서 개인은 문제행동을 유지하는 것이 잃는 것보다 얻는 게 더 많다고 생각한다. 이 단계의 개인은 통상 자신의 행위에 대하여 방어적이고 변화에 저항적이다. 그들은 문제에 대한 인식이 부족하고, 혹 치료를 받으러 온다면 대개 다른 사람이 그들을 치료받도록 강제하거나 압박을 하는 경우이다.

전숙고단계에서 치료자는 행동변화에 초점을 두기보다는 문제행동의 부정적인 면을 자각하게 함으로써 내담자에게 변화하려는 동기를 형성하게 하고 행동의 바람직성에 대하여 심정적으로 의심하게 만드는 데 초점을 두어야 한다.

프로채스카Prochaska, 디클레멘테DiClemente와 노얼크로스Norcross(1994)는 문제가 개인에게 미치는 영향과 그 문제로 인해 영향 받는 가족과 다른 사람들 모두에 대해 질문하라고 조언한다. 가치들과 목적들을 탐색한 후에 현재 행동이 어떻게 이것들과 일치되는가를 질문할 수 있다. 다음 단계로 가기 위해서 내담자가 변화하는 것이 필수적인 것이 아니라 오히려 기꺼이 변화하려고 생각하기만 하면 된다. 이런 식으로 불일치감이 형성되면, 그 사람을 불편하게 만들어 가면서 불편함을 해소하려는 시도로 변화하려는 방향을 기울어지게 하는 것이다. [연습 2.1]은 전숙고단계에 있는 내담자의 사례를 제시한다.

이 사례가 제시된 후에 당신은 당신의 반응에 관해 질문받게 될 것이다.

연습 2.1 전숙고단계

래리는 세 번의 음주운전으로 6개월 전 운전면허를 취소당한 27세 백인 남성이다. 그가 면허를 재취득하려면 물질 남용 교육 프로그램을 이수해야만 한다. 그는 앞서 두 번의 프로그램에 참여했는데 이 때에도 술을 지속적으로 마셨고 주 1회 단주모임(AA)에 의무적으로 참여하는 것을 거부하였다. 이번이 사례를 종결하기 전, 기관이 래리에게 필수 프로그램을 따르게 할 수 있는 마지막 기회이다. 래리는 단정한 옷차림으로 명확히 의사전달을 하며 치료시설에서 상담에 임하였다.

래리는 14세에 마리화나를 피웠고 16세부터 술을 마시기 시작했다. 청소년기에 그는 마약과 알코올 관련 범법 행위로 수차례 체포당했다. 그는 초등학교 시절 주의력결핍 과잉행동장애(ADHD)로 진단을 받았고 모든 교과목, 특히 수학에서 어려움을 겪었다. 그는 몇 년 동안 리탈린을 복용했지만 지금은 더 이상 복용하지 않는다. 그는 마약판매로 돈을 많이 벌었기 때문에 더 이상 학교에서 고생할 필요가 없다고 여겼기에 고등학교 3학년 때에 학교를 그만두었다. 그는 나중에 마약판매로 인해 복역하던 중에 검정고시를 통과하여 고등학교 학위를 획득했다.

래리는 현재 부동산 중개인으로 일하고 있는데 운전을 할 수 없기 때문에 사업에 어려움을 겪고 있다. 비록 그가 운전면허증을 돌려받기 위해 교육을 이수하려는 동기가 부여되어 있다 하더라도, 그는 분명히 자신의 음주를 통제할 수 있고 정규적으로 마리화나를 피우는 것은 전혀 문제가 아니라고 믿는다. 음주를 통제한다는 것이 무슨 의미인지 물었을 때, 그는 세 번의 음주운전으로 면허취소가 되면서 문제를 인식하게 되었고, 더 이상 법적인 문제에 휘말리고 싶지 않다고 말했다. 그는 현재 평일에는 "맥주 두 잔", 주말에는 매일 밤 6팩의 맥주를 마신다. 그는 운전을 할 수도 없고, 술을 살 여유도 없기 때문에 더 이상 술집에서 술을 마시지 않는다. 최근에 이동수단 문제로 인해 친구들을 자주 만나지 못한다고 말했다. 그가 술을 마시는 것이 별로 문제되지 않는다고 생각하는 다른 이유는 자신보다 친구들이 술을 더 많이 마시기 때문이라고 한다. 그는 자신을 사교성 음주자에 불과하다고 여긴다.

요약하면 래리는 물질남용 교육에 참가해야 한다고 생각하지 않는다. 그는 이전에 프로그램에 참여했던 몇 주간의 교육을 인정받아야 한다고 생각하기 때문에 현재 필수적으로 참여해야 하는 교육을 줄여주어야 한다고 생각한다. 래리는 "난 그 사람들과 같지 않아요"라고 말하고 "제가 운전을 할 수 없는데 어떻게 이 모든 모임과 집단활동에 참석하기를 바라죠?"라고 물으면서 단주모임에 의무적으로 참여해야 하는 것을 원치 않는다.

▶ 논의 질문

• 어떻게 래리가 전숙고 단계에 있다는 것을 알 수 있는가?

• 당신은 래리에게 어떻게 반응하겠는가?

• 래리에게 도움이 될 수 있도록 당신의 개인적 가치와 반응들을 어떻게 인지하고 관리하고자 하는가?

2 | 숙고단계

숙고단계에 있는 사람은 자신에게 문제가 있다는 생각뿐 아니라 행동 변화의 실행가능성과 비용 등을 생각하기 시작한다. 그들은 자신의 행동을 이해하고 싶어 하고 때때로 그로 인해 스트레스를 받는다. 이 단계에서 개인은

6개월 이내에 변화해야 한다고 생각한다. 그들이 이전에 행동을 변화시키려고 시도해 보았다 할지라도, 아직 그들은 행동을 취할 준비가 되어 있지 않다.

이 단계에서 치료자의 역할은 내담자의 동기를 북돋아주고 문제와 회복과정에 관해 교육시키는 것이다. 치료자는 행동 변화의 이득을 강화하고 피해를 개선하거나 적어도 감소하는 방법을 탐색할 수 있게 도와주려고 애쓴다. 이 단계에서 내담자들은 비록 변화에 관심을 갖더라도, 아직 변화에 헌신하지 못한다(Ingersoll, 2012). [연습 2.2]를 읽고 무엇이 이 내담자로 하여금 숙고단계에 위치하도록 하는지 결정하라.

연습 2.2 숙고단계

코니는 갓난아이가 있는 21세 백인 여성이다. 코니는 해군장교와 결혼한 상태다. 그녀의 얼굴에는 타박상이 있었고 정신적으로 불안한 모습이었다.

사회복지인턴: 코니씨 안녕하세요? 저는 여기서 피해자를 대변하고 있습니다. 당신의 말을 잘 듣고 당신에게 필요할 수 있는 자원이나 서비스를 제공하는 것이 제 역할입니다. 제가 당신에 대해 몇 가지 질문을 해도 괜찮을까요?

코니: (고개를 끄덕인다)

사회복지인턴: 좋아요, 무슨 일로 오셨나요?

코니: 어제 남편이 손전등으로 제 얼굴을 때려서 기절을 한 일이 있어서 오늘 여기 오게 되었어요. 남편에게 저녁을 함께 할지를 물어보았는데 남편이 안 먹겠다고 했을 때 제가 눈을 부라렸어요, 저는 얼굴 표정을 관리하기가 힘든데, 남편은 제가 무례하게 대하는 것을 싫어하기 때문에 화가 났어요. 저는 몇 분 후에 부엌바닥에서 깨어났고, 남편은 가버렸어요. 저는 얼음으로 얼굴을 찜질하고 아기가 방에서 자고 있는지를 확인하고 친구에게 전화했어요. 저는 남편이 해군에서 쫓겨나게 하고 싶지 않아서 신고를 하지 않았어요. 예전에 남편은 이러지 않았어요.

사회복지인턴: 지난 며칠 동안 많은 일을 겪었고 여기 와서 힘들게 도움을 요

청하는 것처럼 들리네요. 남편이 항상 이렇지 않았다는 것은 무슨 뜻이죠?

코니: 우리는 고등학교 때 만났어요. 그는 18세에 해군에 입대하여 바로 배치를 받았고 다른 사람이 되어 돌아왔어요. 남편은 쉽게 화를 내요. 그는 항상 증오에 차서 나에게 소리를 지르고 제가 화나게 하면 때때로 주변에 있는 물건으로 저를 때리려고 해요. 저는 친정으로 가서 3달 동안 별거했지만 남편은 자신이 변했다고 말했고 돌아오라고 애원했어요. 저는 남편을 너무 사랑하고 또 우리에게는 아이가 있어요. 저는 이 모든 일을 겪은 후에 과연 그에게 다시 돌아가야 하는지를 모르겠어요.

사회복지인턴: 당신은 남편에게 돌아간다면 안전이 걱정이 되고, 남편이 걱정되고, 가족을 다치지 않게 하는 것이 중요하다고 말하는 것으로 들리네요.

코니: 네, 그래요.

사회복지인턴: 남편과 함께 있어서 좋은 점은 무엇인가요?

코니: 좋은 점? 글쎄요... 남편은 자신이 한 일에 대해 아주 미안해하기 때문에 아주 잠깐 동안 정말로 잘해줘요. 그 기간 동안 저는 친정 부모님 집으로 다시 옮기지 않아도 되고 아기와 저를 위한 돈이 충분한지 걱정하지 않아도 돼요.

사회복지인턴: 그러면 남편과 같이 있으면 재정적인 안정성을 유지할 수 있고, 부모님으로부터 독립할 수 있고, 허니문 단계를 가질 수 있네요.

코니: 예, 돈이 중요해요.

사회복지인턴: 다른 이유는요?

코니: 아이가 아프면 건강보험을 걱정할 필요가 없고 이곳의 친구들과 가깝게 지낼 수 있어요. 하지만 저는 잘 알아요. 남편은 아마도 다시 화를 낼 거고 저는 눈치를 보고 싶지 않아요.

사회복지인턴: 당신은 남편과 함께 할 때 좋은 점과 나쁜 점에 대해 말하기 시작했어요. 남편과 같이 지낼 때 좋지 않은 다른 점은 무엇이 있을까요?

코니: 음, 제가 말했듯이 그는 아마 화가 나면 다시 폭력적으로 행동할 거예요. 남편은 제가 어디든 나가는 것을 원하지 않기 때문에 저는 집에 갇

혀있는 것만 같아요. 제 친구와 가족들은 제가 남편에게 돌아가는 것에 대해 속상해 할 수도 있어요.

사회복지인턴: 남편이 폭력적이었던 다른 상황을 설명할 수 있나요? 무슨 일이 일어났죠?

코니: 음, 부모님 집으로 떠나기 전에 그는 술에 취해 집에 와서 집이 깨끗하지 않다고 화를 냈어요. 저는 힘든 하루를 보냈고 아기가 아팠지만 그는 신경쓰지 않았어요. 그가 머리채를 잡아당기고 제 머리를 벽에 짓찧고 배를 수차례 걷어찼어요. 아주 힘든 경험이었어요.

사회복지인턴: 매우 두려웠겠네요.

코니: 예, 죽을 만큼 겁이 났어요. 거기서 빠져 나와야만 했어요.

사회복지인턴: 아무 변화 없이 이런 상황이 지속된다고 가정해 봅시다. 당신에게 일어날 수 있는 가장 나쁜 일은 무엇이라고 생각하나요?

코니: 남편이 화가 나서 아이를 다치게 할 수 있어요. 그렇게 되면 전 정말이지 죽어버릴 거예요.

사회복지인턴: 그러면 당신은 끊임없이 두려움 상태에서 지내야 하고 그는 당신이나 아기를 다치게 할 수 있군요.

코니: 맞아요. 제가 그 사람에게 쓸데없이 많은 기회를 준 것 같아요. 저는 집에만 갇혀 있고 싶지 않아요. 아기의 안전을 걱정하지 않아도 될 수 있어요.

사회복지인턴: 당신이 원한다면 변화할 수 있도록 용기를 주는 것은 무엇인가요?

코니: 대부분 저는 마음을 정하면 그에 따라요. 저는 아주 완고하죠. 제 딸이 무슨 일이 벌어졌는지를 충분히 알 수 있는 나이가 되기 전에 저도 아이를 위해 더 나은 삶을 살고 싶어요. 제게는 딸이 가장 소중해요.

사회복지인턴: 당신에게 아이가 가장 큰 동기가 되는 것처럼 들리네요.

코니: 그 애가 제 삶의 전부에요.

사회복지인턴: 그러면 당신은 변화를 결정하게 되면 매우 끈질기게 해낼 수 있는 사람이군요. 이 과정에서 누가 당신을 도와줄까요?

코니: 부모님은 저를 항상 지켜주세요. 만일 제가 정말로 남편을 떠나기로 결정한다면 부모님은 아이와 저를 지원해 줄 수 있을 거라고 생각해요. 저희 어머니는 항상 우리에게 함께 살자고 제안하세요. 제게는 정말 친

한 친구 한 명이 있는데요, 제가 현실적으로 생각하게 될 때까지 자기 집에서 지내도 좋다고 말했어요. 저는 가끔 교회에 가는데 교회 신도들이 기꺼이 우리를 도와줄 거예요.

사회복지인턴: 그분들은 당신이 찾아낸 훌륭한 자원의 일부입니다. 당신은 살아오면서 이와 같은 변화를 해야만 했던 적이 있나요? 어떻게 하셨죠?

코니: 이렇게 힘든 적은 없었지만 2년 전에 흡연을 그만 두었어요. 저는 의지를 가지고 최선을 다했고 가족과 친구들이 제가 책임을 다 할 수 있게 도와주었죠.

사회복지인턴: 와, 의지만으로 금연을 하는 것은 쉽지 않을텐데요. 그 일은 당신이 강하다는 것을 말해주네요. 어떻게 의지가 당신에게 도움이 되었나요?

코니: 저는 일단 결정을 하면 전력을 다하고 강한 자제력을 발휘할 수 있어요.

사회복지인턴: 당신은 매우 주도적인 사람처럼 보이네요!

코니: 고마워요. 저도 그렇다고 생각해요.

사회복지인턴: 이 변화가 어떤 방식으로 당신에게 도움이 된다고 생각하나요?

코니: 이번에도 극복할 수 있는 힘이 제 안에 있다고 생각해요. 일단 확실히 결정을 하고 나면 저는 남편에게 돌아가지 않을 거예요. 저는 늘 방법을 찾아왔기 때문에 아기를 위해 좋은 삶을 만들어 갈 수 있으리라 믿어요.

▶ 논의 질문

• 코니가 숙고단계에 있다는 것을 어떻게 알 수 있는가?

• 이 내담자 상황에 대해 당신은 어떤 반응을 할 수 있는가?

- 효과적인 조력자로 행동하기 위해 당신은 자신의 가치와 반응을 어떻게 관리할 것인가?

3 | 결심단계

결심단계(또는 준비단계)에서 내담자는 빠른 시일 내에 변화하겠다는 태도를 취한다. 변화 준비도는 목적설정과 변화계획을 통해 강화되어야 한다(Connors et al, 2001). 여기서 치료자의 역할은 신뢰를 구축하는 것으로, 변화의 시기에 대해 말하고 정보와 대안을 제시하고 조언한다(Ingersoll, 2012). [연습 2.3]은 결심단계에 있는 내담자의 예시이다.

연습 2.3 사례관리

연습 안내: 이 사례에서 사례관리자가 치료센터에 의뢰하는 것으로 미루어 보아 이 내담자가 결심단계에 해당된다고 믿는 듯하다. 이 사례를 읽은 후에, 인턴의 전략들이 내담자의 준비도와 적합하는지를 결정하라. 만일 그 전략들이 적절하지 않다고 본다면, 어떤 전략들이 변화단계 모델에 적합한 더 나은 방안이 될 수 있을지를 논하여라.

사회복지인턴: 당신이 다음 단계로 나아가기를 결심하도록 도와주었으면 하는 바람으로 저는 오늘 많은 것을 준비해 왔어요. 당신이 이 지역에 남아 있고 싶다고 말했다는 것을 잘 알고 있기에 이곳에 있는 치료 프로그램 정보를 가져왔습니다.
킴: 저는 여전히 모르겠어요. 저는 아직 무엇을 하고 싶은지 확신이 없어요.

사회복지인턴: 우리가 이야기 해온 지난 몇 회기를 통해 이해한 바로는 당신은 삶을 변화시키고 싶어 하고 당신에게 문제가 있다는 것을 인식하고 있습니다. 그러나 당신은 여전히 치료를 받으러 가는 변화를 만드는 것에 대해 불안해하고 있습니다. 이것이 당신이 느끼는 것과 비슷한가요?

킴: 예. 기본적으로요. (팔짱을 낀다)

사회복지인턴: 당신은 이 대화만으로 아주 기분이 나쁘신 것 같네요. 앞으로의 계획에 대해 오늘 당장 결정하리라고 생각하지는 않아요. 하지만 꼭 생각해 보아야만 하는 일이라고 생각해요. 우선 어떤 선택지를 고를 수 있는지 알았으면 좋겠어요. (킴은 고개를 끄덕인다) 저는 당신이 압박감을 느끼지 않으면 좋겠어요. 우리는 이제 이 지역에 있는 프로그램들을 검토할 거예요. 그렇지만, 당장 오늘 결정하지 않아도 됩니다.

킴: 알았어요.

사회복지인턴: 보건소에서 일주일에 두 번 열리는 물질 남용 프로그램이 있어요. 이 프로그램은 중독에 관해 교육하고 당신이 단약모임과 유사한 중독회복자 동료들과 전문가와의 지지망을 형성하도록 도와주려는 것이 목적이에요. 만약 이 프로그램을 선택한다면 우리는 사전 평가 인터뷰 일정을 정하기 위해 전화만 하면 됩니다. 28일 동안의 단기 입원 프로그램도 있어요. 이 프로그램에 대한 비용은 의료보험이 가능해요. 다시 말씀드리자면, 만약 이 프로그램을 선택하면 우리는 단지 면담 일정을 잡기만 하면 됩니다. 여기까지는 괜찮으신가요?

킴: 제가 무언가를 해야 한다는 것을 알아요. 다만 저는 입원치료에 준비되었다고 생각하지 않아요.

사회복지인턴: 예전에 입원하신 적이 있으셨다고 하셨지요? 그때 어떠셨는지 말씀해 주실 수 있으세요?

킴: 도움이 되었다고 생각해요. 저는 잠시 동안만이지만 마약을 복용하지 않았어요.

사회복지인턴: 입원치료가 도움이 되었군요. 다시 한번 그렇게 되도록 하기 위해 무엇이 도움이 된다고 생각하세요?

킴: 잘 모르겠어요. 우선 남편과 의논해야 할 것 같아요.

사회복지인턴: 좋습니다. 저는 당신이 이 일에 지지적인 가족원을 모두 참여시

키는 게 중요하다고 생각해요. 그리고 당신이 늘 확신에 차 있지 않아도 된다는 걸 알았으면 좋겠어요. 당신은 치료를 고려하는 커다란 진전을 이뤄냈고, 지금까지 문제를 인식하는 데 오랜 시간이 걸렸습니다. 금요일에 다시 만나서 그때 남편과 어떻게 이야기되었는지 대화를 나누면서 회기를 시작하면 어떨까요?

킴: 고마워요. 오늘 제 기분이 별로였어서 선생님에게 죄송해요.

▸ 논의 질문

• 이 상호작용에서 치료시설에 들어가기 위한 내담자의 준비도에 관해 당신은 어떤 결론을 내렸는가?

• 이 인턴의 접근방식이 내담자의 준비도와 일치하는가? 당신의 답을 자세하게 논하시오.

• 이 사례에서 당신은 내담자의 변화 단계에 근거하여 어떤 대안적 접근을 취하였을까?

4 실행단계

　실행단계에 있는 사람들은 최근 6개월 자신의 문제 행동이나 환경을 바꾸려고 했을 것이다. 이 지점에서 개인은 변화하기 위해 제시된 전략과 행위를 기꺼이 따르려고 한다(Connors et al, 2001).

　실행단계에서 치료자는 내담자가 치료계약을 유지하고 작지만 성공적인 단계들을 달성하도록 원조함으로써 현실적인 변화관점을 지지해야 한다. 치료자는 변화의 초기 단계들에 관련된 어려움을 인정하고 공감해야만 한다. 고위험 상황과 이를 극복하려는 대응전략을 평가하는 것이 이 단계의 주축이다. 문제행동에 대한 대안적 강화물을 적용해야 하고, 다른 사람들은 개인의 변화에 장애가 되기보다는 도움을 주는 자원이기 때문에 사회적 지지체계 평가는 지속적으로 이루어져야 한다. [연습 2.4]는 내담자의 변화단계를 결정하기 위해 당신이 질문해야 하는 것이 무엇인지를 보여주는 사례이다.

연습 2.4　변화단계

연습 안내: 15세 라틴계 소녀인 제이미는 청소년 법 재판 과정 중에 있다. 할머니 발렌시아 부인이 제이미의 양육권을 가지고 있다. 제이미는 발렌시아 부인의 성인 아들과 아버지 코르도바 씨, 발렌시아 부인의 또 다른 아들 스테판과 함께 살고 있다. 코르도바 씨는 신체 장애와 뇌 손상을 가지고 있다.

사회복지인턴: 제이미에게 무슨 일이 생겨서 우리가 이렇게 모이게 되었죠?

발렌시아 부인: 제이미가 학교를 많이 빠져서 무단결석으로 징계를 받았고 지금 근신기간 중이에요.

사회복지인턴: 제이미가 그렇게 학교를 많이 결석한 원인은 무엇이라고 생각하세요?

발렌시아 부인: 어젯밤에 제이미의 삼촌인 스티브가 화가 머리 끝까지 나서는 아무도 집 밖에 나가지 못하게 했어요.

사회복지인턴: 화가 머리 끝까지 났다는 게 어떤 상황인지 구체적으로 설명해

줄 수 있나요?

발렌시아 부인: 스티브는 소리를 지르고 물건들을 던져요. 그는 대개 냄비와 팬을 쾅쾅 두드리면서 부엌에 있어요. 저는 그가 왜 그러는지 모르겠어요.

사회복지인턴: 이런 일은 얼마나 자주 일어나죠?

발렌시아 부인: 잘 모르겠어요. 한주 동안 집에서 무슨 일이 있었는지에 따라 달라져요.

사회복지인턴: 그러면, 매일 밤 일어나는 건 아니죠?

발렌시아 부인: 아니요.

사회복지인턴: 제이미가 학교에 안 가는 다른 원인은 무엇인가요? 제이미가 매일 늦게 등교하는 것 같더라고요. 가끔씩 발생하는 스티브의 분노 이외의 다른 이유가 있을 것 같아요.

발렌시아 부인: 그 애는 매일 밤 늦게까지 자지 않아요. 새벽 2-3시까지 자주 전화 통화를 하거나 문자를 보내요.

사회복지인턴: 다음 날에 너무 피곤해서 학교에 갈 수 없게 만드는 것이 무엇인지 알겠네요. 그 애가 그렇게 하지 못하게 하기 위해 무엇을 해 보았나요?

발렌시아 부인: 아무 것도 안했어요. 저는 제이미의 핸드폰을 가져가려고 했었지만, 그 애는 오히려 제 폰을 가져가서 사용했어요. 제 폰을 돌려달라고 말하니, 그것을 숨기더군요.

코르도바: 저도 제이미한테 말하려고 했어요. 하지만 그 애는 자기 핸드폰을 포기하지도 않았고 어머니 폰을 돌려주지도 않았어요.

사회복지인턴: 제이미가 학교를 가지 못하는 다른 문제가 있다고 생각하세요?

발렌시아 부인: 제이미는 외모에 대한 고민이 많아서 머리 모양과 화장이 잘 못되면 학교에 가려 하지 않아요. 그 애는 머리를 말리고 곧게 펴기 위해서 두어 시간을 쓸 거예요. 그렇고도 완전하지 않으면 학교를 가지 않아요. 그 애를 제때 학교에 보내려면 4시 30분에는 깨워야 하는데, 준비를 다 시켜도 다시 잠이 들어서 학교를 빠지게 돼요. 저는 5시 30분에 집을 나서기 때문에 제이미가 등교하는 것을 확인할 때까지 그 애를 깨어 있게 할 수가 없어요.

사회복지인턴: 그러면 제이미가 학교에 가지 않는 주요한 이유는 충분한 수면을 취하지 못하는 여러 이유 중 하나로 제이미가 폰을 쓰느라 새벽까지 잠을 안 자는 것이 있네요. 우리 이 문제에 집중하도록 해요.

▸ 논의 질문
- 인턴은 어떤 변화단계를 진행하고 있는가? 어떤 신호들이 당신이 그렇게 생각하도록 하는가?

- 내담자의 현 변화단계를 드러내는 신호는 무엇인가?

- 인턴이 좀 더 사용해야 하는 전략은 무엇인가?

---

5 유지단계

유지단계는 변화된 행동이 적어도 6개월간 지속되고 있는 단계이다. 내담자가 지금까지 달성해 온 변화를 유지하려고 노력하고 있으므로 사회복지사의 역할은 변화를 지지하고 격려하는 것이다. 유지단계에서는 실수나 재발을 피하는 데 초점을 맞추어야 한다(Prochaska & Norcross, 1994). 사회복지사는 내담자가 만족감, 즐거움의 대안적 원천을 찾아내고 생활양식의 변화를 계속해서 지원하도록 원조해야 한다. 그리고 내담자가 대응 전략을 실행하고 적응하고 가능한 고위험 상황을 논의하도록 지속적으로 도와주어야 한다.

6 재발단계

디클레멘테DiClimente, 프로채스카Prochaska와 동료들은(Connors et al., 2001; Prochaska & DiClimente, 1984, 1992) 재발을 실패로 보기보다, 고위험 상황 및 그에 대한 해결을 위해 개발되어야 하는 전략을 보다 더 인식하는 기회로 본다. 변화가 일직선이 아니라 나선형 과정이라는 견해는 재발이 변화과정의 정상적인 부분임을 의미한다. 다시 말하면 두 걸음 앞으로 가기 위해서 한 걸음 뒤로 간다는 것이다. 다음 단계를 준비하려는 과정에서 사회복지사는 또 다른 변화를 위해 노력하는 것의 중요성과 자신감에 관한 내담자의 변화과정을 촉진해야만 한다. [연습 2.5], [연습 2.6]과 [연습 2.7]에서 변화단계에 관한 지식을 내담자의 상황에 적용해 볼 것을 권장한다.

연습 2.5 동기강화상담을 해야 하는 시기

연습 안내: 다음 중 어떤 문제가 동기강화상담에 적절한가? 해당되는 것에 모두 표시하라.

1. 신체 학대로 인해 아동복지서비스에 연루되어 있는 부모: 체벌을 하는 훈육 습관을 변화시키는 것이 목표가 된다.
2. 35년간 함께 한 남편이 사망한 64세의 여성: 애도를 중점적으로 다룬다.
3. 임신한 10대 소녀: 소녀의 어머니는 아이를 낳아 집에서 키우자고 결정한 상태이다.
4. 노숙인: 주거재활시설에서 생활하기 위해서는 예산세우기와 독립적으로 생활하기와 같은 다양한 교육을 받아야 하지만 그렇게 하기 힘든 상황이다.

▸ 논의 질문
• 상담현장에서 동기강화상담이 적절하지 않다면, 당신은 어떤 서비스를 제공할 것인가?

- 동기강화상담이 적절하다면 어떤 서비스를 제공하겠는가?

- 당신은 어떻게 동기강화상담이 적절한지의 여부를 구별할 수 있는가?

연습 2.6   중독 해독 프로그램

연습 안내: 이 대본을 읽은 후에, 인턴의 전략들이 내담자의 준비도와 일치하는지를 결정하라. 만일 당신이 인턴이 하지 않았던 것을 하기로 결정한다면, 어떤 전략들이 변화단계 모델에 근거하여 취해져야 하는 더 나은 방안일 수 있을까?

존은 알코올 중독 금단증상으로 인해 카운티 해독 프로그램에 참여하고 있는 47세 백인 남성이다.

사회복지인턴: 당신은 며칠 동안 프로그램에서 생활을 하였는데요, 해독이 되어 나가게 되면 무엇을 할 계획인가요?

존: 저는 제 집으로 갈 겁니다. 치료는 소용없습니다. 예전에도 이프로그램에서 생활한 경험이 많아요. 전 아무 문제 없어요.

사회복지인턴: 당신은 치료받는 데 관심이 없는 것 같네요.

존: 없어요. 선생님, 저는 집에 가서 다시 일을 시작할 거예요. 전 자영업을 하고 있어서 필요하면 일할 수 있습니다. 통풍관을 청소하고 설치하면서 돈을 잘 벌어요.

사회복지인턴: 약에 취하지 않고 맑은 정신을 유지하기 위해서 당신은 어떤 계획이 있나요?

존: 전 아무 문제 없어요.

사회복지인턴: 당신을 도와줄 사람이 있나요?

존: 아니요.

사회복지인턴: 집 근처의 단주모임이나 약을 끊는 것을 도와줄 사람을 찾아볼 생각은 했나요?

존: 음... 모르겠어요.

사회복지인턴: 집 근처의 단주모임에 관한 정보를 원한다면 관련 정보를 담고 있는 "언제 어디서나"라는 책을 드릴 수 있습니다.

존: 좋아요. 감사합니다.

‣ 논의 질문

• 이 상호작용을 보고 당신은 치료프로그램에 참여하려는 내담자의 준비도에 관해 어떤 결론을 내렸나?

• 이 인턴의 접근은 내담자의 준비와 적합한가? 인턴이 진행시키는 것은 어떤 변화단계인가? 내담자는 어떤 변화단계에 있는가? 구체적인 예를 제시하여 답하시오.

• 이 사례에서 당신은 내담자의 변화단계에 기초하여 어떤 대안적 접근을 취할 수 있을까?

초이론적 변화단계

연습 안내: 현재 당신이 담당하고 있는 내담자를 생각해보라. 내담자의 정보 보호를 위해 필요에 따라 번호를 할당하라. 초이론 모델에 따라서 내담자가 속한 변화단계를 작성하고 당신의 답에 대한 근거를 제시하라. 모델에 따르면 당신은 어떤 전략을 사용해야 하는가?

내담자	변화단계	단계 증거	사용해야 하는 전략?
1			
2			
3			

7 결론

이 장은 변화단계 모델의 맥락에서 동기강화상담을 소개하였다. 동기강화상담이 모든 유형의 상담 상황에 적절하지는 않다는 점을 이해하도록 하는 데 주안점을 두었다. 동기강화상담은 전숙고단계와 숙고단계에 최적으로 활용될 수 있다. 하지만 준비단계와 실행단계에 있는 사람들조차 양가감정을 가질 수 있다. 숙련된 동기강화상담 전문가들은 이러한 동기의 유동성을 예측하고 대비한다. 3장은 동기강화상담의 반영적 진술에 대해 구체적으로 논의할 것이다.

CHAPTER

03

반영적 진술과
공감 표현

• • •

CHAPTER

03 반영적 진술과 공감 표현

사회복지사는 동기강화상담을 통해 내담자에게 다양한 방식으로 반영적 진술을 하게 된다. 그러므로 개방형 질문을 논의하는 4장에 앞서 반영적 진술에 대해 먼저 이 장에서 살펴보고자 한다. 우선 3장은 기본적인 반영적 진술과 공감 표현에 대해 논의한다. 치료자가 관심, 이해, 무비판적인 태도와 행동을 보이는 것이 동기강화상담의 본질적인 요소이다. 반영적 진술은 기초적이고 일반적인 상담기술이다. 따라서 이 장은 동기강화상담이 어떻게 의도적으로 내담자의 특정한 메시지 유형을 강화하는지 논의한다. 이 장에서는 주인의식을 취하고 변화하고자 하는 역량을 강화하는 내담자 진술을 어떻게 선택적으로 강화할 것인가를 중점적으로 다룰 것이다.

1 단순반영

밀러Miller와 롤닉Rollnick(2012)은 *단순반영*이란 내담자의 감정, 사고, 의견을 인정하는 것이라고 하였다. 단순반영을 통해 내담자는 방어적 입장에서 벗어나 자신의 문제를 지속적으로 탐색하게 된다. 가장 기본적 수준에서 반영진술은 내담자가 한 말의 내용은 유지하되 표현 방식을 달리하여 재진술하는 것을 포함한다. 단순해 보이지만 이런 유형의 반응은 놀라울 정도로 강력하고 효과적이다. 자신의 생각을 정돈된 톤으로 듣는 것은 내담자가 자신의 경험과 지각을 명료화하는 데 도움을 준다. 이런 방식으로 강화된 후에 내담자들은 자발적으로 탐색을 지속한다. 명확한 반영은 내담자가 말하는 것을 당신이 듣고 이해한다는 것을 전달하는데, 이는 나아가 작업동맹을 확고히 하는 데 도움이 된다.

내담자의 감정에 대한 반영은 단순반영의 정의 속에 포함된다. 하지만 우리는 공감에 대해 좀더 초점을 두어야 한다. 공감은 그 순간에 내담자가 느끼는 감정을 관찰하고 그 사람의 감정(화나고, 두렵고, 기쁘고, 슬픈 감정 변화)을 재반영함으로써 동일한 경험을 전달하는 것을 의미한다. 공감은 내담자가 그들의 정서를 인지하고 좀 더 깊이 탐구할 수 있게 해준다. 반영적 진술하기의 지침은 [표 3.1]에 제공되어 있다. 그 다음에는 일련의 연습문제들이 제시되어 있다. 이 연습 과정을 통해 동기강화상담에서 반영적 진술을 보다 능숙하게 사용할 수 있을 것이다. 당신은 반영적 진술에 관한 정보를 많이 얻었겠지만 이런 식으로 충분히 반영적 진술에 주의를 기울인 기회를 가지지 못했을 것이다.

표 3.1 반영적 진술을 위한 지침

- 내담자가 했던 것과 똑같이 말하는 것은 삼가라. 그렇지 않으면 내담자가 짜증을 낼 수 있다.
- 다른 감각상태를 다루는 다양한 진술로 시작할 수 있다. 그러나 밀러Miller와 롤닉Rollnick(2012)은 "당신은 ...을 느낍니다"와 같은 시작을 선호하지 않는다.
- 다른 사람에 대한 불평보다는 화자의 경험을 강조하라.

[연습 3.1]은 접수상담 상황에서 체크리스트를 기반으로 기계적으로 내담자와 질의응답을 하게 되면 내담자가 변화과정에 참여할 기회를 놓치게 될 수 있음을 보여준다. 그래서 접수단계에서조차 상담가는 질문보다는 반영적 진술로 이끌어야 하고 거기에서 필요한 정보를 얻을 수 있다. [연습 3.2]는 내담자로부터 필요한 정보를 얻는 상황에서 반영적 진술을 활용하는 연습을 지속하도록 한다.

연습 3.1 반영적 진술로 대체하기

연습 안내: 대화를 읽고 아래 질문에 대답하라.

연습 문제 1: 로라는 우울증으로 대학을 중퇴한 여성이다. 실제 대화는 거의 전적으로 질문에 의존했다. 대화 속에 반영적 진술을 넣어보라. 그 진술의 추가는 인턴 사회복지사와 로라 사이의 상호작용을 어떻게 변화시키는가?

사회복지인턴: 무슨 일이 있었지요?
로라: 음, 저는 정말 기운이 없었고 자살생각을 했기 때문에 학교를 그만두어야만 했어요.
사회복지인턴: 이런 증상은 얼마나 오랫동안 지속되었죠?
로라: 학교에 간 후 바로 시작되었어요. 그때 저는 얼마 지나지 않아 병원에 가야만 했어요.
사회복지인턴: 어느 병원에 가서 얼마 동안 입원했었나요?
로라: 마운트 홀리 병원에 가서 3일 동안 입원해 있었어요.
사회복지인턴: 그렇군요. 그러면 지금도 살고 싶지 않다는 생각이 드나요?
로라: 아니요.
사회복지인턴: 그렇다면 이 생각들은 얼마나 심각했었나요? 자살을 계획하거나 시도한 적이 있나요?
로라: 아니요. 자살을 계획하거나 시도한 적은 없어요. 그냥 살고 싶지 않다는 생각을 했어요.

사회복지인턴: 그래서 삶에 아무런 희망이 없다고 느꼈나요?

로라: 네, 그래요.

사회복지인턴: 당신의 증상에 관해서 말해 줄 수 있을까요?

로라: 저는 정말 기운이 없고 우울했어요. 할 수 있는 일이 많지 않았어요.

사회복지인턴: 잠은 잘 주무시나요?

로라: 네.

사회복지인턴: 식욕은 어떤가요?

로라: 많이 먹지는 못해요.

사회복지인턴: 체중이 줄거나 늘었나요?

로라: 병원에 있을 때부터 7kg 정도 줄었어요.

사회복지인턴: 오, 상당하군요. 혹시 약물에 중독된 적이 있었나요?

로라: 아니요.

사회복지인턴: 정신 질환 가족력이 있나요?

로라: 아니요.

사회복지인턴: 알았어요. 치료약으로는 무엇을 복용하고 있나요?

로라: 졸로프트요.

사회복지인턴: 용량은 얼마나 되나요?

로라: 60mg이요.

사회복지인턴: 얼마나 오래 복용하셨나요?

로라: 약 3주쯤요.

사회복지인턴: 효과가 있나요?

로라: 별로 효과가 있진 않았어요.

사회복지인턴: 예. 약에 적응할 필요가 있을 수 있고 조금 더 시간을 두고 지켜봐야 할 것 같네요.

사회복지인턴: 시간이 될 때 재미삼아 무엇을 하는지 이야기해 주실래요?

로라: 운동하고, 우정 팔찌 만들기를 좋아해요.

사회복지인턴: 좋네요. 최근에 무언가 만들었나요?

로라: 글쎄요.

사회복지인턴: 오, 아마도 그건 당신이 기분이 가라앉았을 때 할 수 있는 일일 수 있어요.

당신이 추가할 수 있는 반영적 진술은 다음과 유사할 것이다.

사회복지인턴: 무슨 일이 있었지요?

로라: 음, 저는 정말 기운이 없었고 자살 생각을 했기 때문에 학교를 그만두어야만 했어요.

반영적 진술로 대체: *그래서, 당신의 기분으로 인해 대학생활을 해나가는 데 어려움이 있었네요.*

사회복지인턴: 이런 증상은 얼마나 오랫동안 지속되었죠?

로라: 학교에 간 후 바로 시작되었어요. 그때 저는 얼마 지나지 않아 병원에 가야만 했어요.

반영적 진술로 대체: *정말 두려우셨겠네요.*

사회복지인턴: 지금도 살고 싶지 않다는 생각이 드나요?

로라: 아니요.

반영적 진술로 대체: *음, 자살 생각을 잘 정리할 수 있게 되었군요.*

사회복지인턴: 이 생각들은 얼마나 심각했었나요? 자살을 계획하거나 시도한 적이 있나요?

로라: 아니요. 자살을 계획하거나 시도한 적은 없어요. 저는 그냥 살고 싶지 않다는 생각을 했어요.

사회복지인턴: 희망이 없다고 느꼈네요. *(주목: 인턴은 이 부분에서 내담자가 느끼는 것을 반영하고 있다).*

로라: 예.

사회복지인턴: 당신의 증상에 관해 말해 줄 수 있을까요?

로라: 저는 정말 기운이 없고 우울했어요. 할 수 있는 일이 많지 않았어요.

반영적 진술로 대체: *당신의 기분이 너무나 안 좋았기 때문에 에너지와 동기 수준이 정말 낮았겠군요.*

사회복지인턴: 잠은 잘 주무시나요?

로라: 네.

사회복지인턴: 식욕은 어떤가요?

로라: 많이 먹지는 못해요.

사회복지인턴: 체중이 줄거나 늘었나요?

로라: 병원에 있을 때부터 7kg쯤 줄었어요.

반영적 진술로 대체: 우울증으로 먹는 것이 힘들어져서 단기간 내에 체중이 많이 줄었군요.

사회복지인턴: 혹시 약물에 중독된 적이 있나요?

로라: 아니요.

반영적 진술로 대체: 그러면 이 모든 일이 벌어지고 있는데도 불구하고 마약에 손대지 않고 견디셨군요.

사회복지인턴: 정신 질환 가족력이 있나요?

로라: 아니요.

사회복지인턴: 알았어요. 치료약으로 무엇을 복용하고 있나요?

로라: 졸로프트요.

사회복지인턴: 용량은 얼마나 되나요?

로라: 60mg이요.

사회복지인턴: 얼마나 오래 복용하셨나요?

로라: 약 3주쯤요.

사회복지인턴: 효과가 있나요?

로라: 별로 효과가 있진 않았어요.

반영적 진술로 대체: 약이 별로 효과가 없는 것 같지만 계속해서 의사가 처방한 대로 약물치료에 순응하고 있군요. 약에 적응할 필요가 있고 조금 더 시간을 두고 지켜봐야 할 것 같네요.

사회복지인턴: 시간이 될 때 재미삼아 무엇을 하는지 이야기해 주실래요?

로라: 운동하고, 우정 팔찌 만들기를 좋아해요.

사회복지인턴: 좋네요. 최근에 무언가 만들었나요?

로라: 글쎄요.

반영적 진술로 대체: *기분이 나아지면, 당신이 즐길 수 있는 활동을 하는군요.*

반영적 진술로 대체하는 것은 사회복지사가 내담자의 경험에 관여하고 이해하고 있다는 것을 보여준다. 로라는 자신의 고통을 입증받았고 개인적인 상황들이 수용된다는 것을 느끼게 된다.

연습 문제 2. 인턴 사회복지사는 학교에 가지 않는 패터슨 부인의 딸 17세 소녀 카디에게 서비스를 제공한다.

사회복지인턴: 패터슨 부인, 딸과 무슨 일이 있었는지에 대해 말씀해 주시겠어요?

패터슨 부인: 아시듯이 그 애는 아무것도 하지 않아요. 그 애랑 무엇을 해야 할지 모르겠어요.

사회복지인턴: 그래요. 제가 듣기로 부인은 카디가 의욕이 없고 게으르고 남자애들과 어울리고 있다고 느끼시는군요.

▸ 논의 질문

• 인턴이 이 사례에서 반영한 것에 대해 어떻게 생각하는가?

• 당신은 무엇을 더 강화할 것인가?

연습문제 3: 달린은 지난 3개월간 과도적 주거프로그램에 머물고 있는 17살 백인 여자다. 여기는 2년 동안 4번째로 배치된 곳이다. 프로그램에서는 거주자가 성공적으로 과도기를 거치고 자립하는 데 필요한 생활기술을 습득할 수 있는 다양한 서비스를 제공한다. 달린은 학교에서 품행문제가 있었고 졸업시험을 통과하지 못할 위험에 처해 있었기 때문에 사회복지사 인턴과 만나고 있다.

사회복지인턴: 당신에게 성공이 무슨 의미인지 정의하는 것부터 시작해볼까요?

달린: 저는 성공하기 위해서 18세가 되면 여기에 살지 않고 월급이 많은 직업을 가져야 한다고 생각해요. 우리는 21살까지 머무를 수 있다는 것을 알지만 그것을 원하지 않아요. 아시죠?

사회복지인턴: 당신에게 성공은 재정적으로 독립하고 만 18세가 되면 혼자 힘으로 사는 것을 의미하는 것 같네요.

▸ 논의 질문
- 인턴이 이 사례에서 반영한 것에 대해 어떻게 생각하는가?

- 당신이 무엇을 더 강화할 것인가?

연습 안내: 대화를 읽고 다음 구절의 질문에 대답하라.

필립은 최근에 알코올과 마약남용에 의한 간 질환으로 병원에 입원한 50세의 남성 노숙자이다. 필립은 퇴소 준비가 되기 전에 의료쉼터에서 내보내진후 이 병원에 입원하게 되었다. 그는 남미에서 태어나서 미국에서 성인기 전부를 살았던 미국 시민이다. 아내는 사망했고 다른 주에 살고 있는 2명의 자녀들과는 소원한 상태이다. 의료쉼터는 필립의 복귀를 허용하고 있지 않기때문에, 인턴의 역할은 직원들이 그의 의료적 문제를 살펴줄 수 있는 곳 중그가 머물게 될 장소를 찾는 것이다. 인턴은 최초 배경정보를 수집한 이후아래 상담을 수행하였다.

사회복지인턴: 무슨 수술을 하셨나요?
필립: 폐에 물이 찼다고 합니다.
사회복지인턴: 폐에 물이 찬 이유는 무엇이라고 생각하세요?
필립: 제 병과 관련 있어요. (그는 배에 있는 흉터를 보여준다)
사회복지인턴: 힘드셨겠어요.
필립: 끔찍했어요.
사회복지인턴: 당신에게 어떤 문제가 있는지 알고 계신가요?
필립: 폐질환과 간질환이 있어요.
사회복지인턴: 여전히 술을 드시나요?
필립: 아니요. 전 술을 마시거나 어떤 약물도 복용하지 않아요. 해서는 안 된다는 것을 압니다.
사회복지인턴: 약물와 알코올 문제로 치료를 받은 적이 있나요?
필립: 예, 건강에 좋지 않기 때문에 저는 술마시는 친구들과는 더 이상 어울리지 않습니다.
사회복지인턴: 그 말을 들으니 기쁘네요. 자신을 돌보셔야 합니다.
필립: 제 인생이 이렇게 될 줄 몰랐어요, 제게는 저를 아껴주는 사람도, 가진 것도 아무것도 없어요.

사회복지인턴: 무슨 말씀하시는지 잘 알아요. 어렵겠지만 지금은 자신을 돌보셔야 해요.

필립: 예.

사회복지인턴: 지금 같이 생활할 수 있는 사람이 있나요?

필립: 아니요. 뉴욕에 가족이 있어요. 가족들은 먼저 제가 여기서 나아지기를 원해요.

사회복지인턴: 의료쉼터에 돌아갈 수 있다고 한다면 그렇게 하겠나요?

▸ 논의 질문
• 인턴이 공감을 표현하기 위해 무엇을 언급하였나? 그 반응은 무엇이었나?

• 다른 반영적 진술은 무엇이 있었는가?

• 이 외에도 어떤 반영적 진술을 할 수 있었을까?

　　당신의 현장실습을 완수하는데 요구되는 상담과정 일지를 기록하면서 반영적 진술을 연습할 수 있다. 이러한 경우에 [연습 3.3]의 양식을 사용하거나 내담자와 실제 대화를 기록한 뒤 당신이 학습한 기술을 점검하도록 하는 칸을 포함한 실습기관의 양식을 사용할 수 있다. [연습 3.3]에는 실습일지를 기록하면서 반영적 진술에 초점을 맞출 수 있는 방식이 제시되어 있다.

과정 기록 개요(칼럼 양식)

연습 안내, 1부: 다음에 있는 과정기록 양식이나 학교사회복지사가 면담의 실제 대화를 기록하는데 사용하는 유사한 것을 사용하라. 현장실습을 하면서 상담과정 중에 중도탈락했거나 목표 성취를 하지 못한 내담자 혹은 행동변화를 위해 활동수행을 고려하는 내담자에 관해 작성한 과정기록 중 하나를 선택하라. 얼마나 많은 반영적 진술이 있는가? 과정기록 양식의 끝에 있는 질문과 반영적 진술에 관한 연습문제 2부를 완성하라.

이름	
날짜	
확인된 정보	
상담 안건	
초기 관찰	

실습지도자 의견	내용/대화	정서적 반응/ 자기 인식	학생의 분석/평가/이론

다음 회기 계획	

연습 안내, 2부: 이제 반영적 진술과 질문의 비율을 살펴보자. 진술 3개당 질문 하나를 하라는 밀러Miller와 롤닉Rollinck(2012)의 지침을 기억하라.
당신은 그 비율에 얼마나 가까운가?

당신이 만들 수 있는 5개 이상의 반영적 진술을 적어보라.

1.

2.

3.

4.

5.

2 │ 내담자의 주인의식 강조하기

이 장의 앞부분에서 다른 사람에 대한 불평보다는 내담자의 경험을 반영하는 진술에 초점을 맞출 것을 권고하였다. 내담자는 종종 그들이 반응하는 방식을 합리화하기 위해 다른 사람을 비난한다. 이런 경향에 대해 내담자와 논쟁하기보다는 상담의 초점이 되는 내담자의 행동에 있어 내담자의 주체성을 보여주는 메시지 부분에 초점을 두는 동기강화상담이 더 생산적인 것으로 보인다. [사례 3.1]과 [연습 3.4]를 연이어 살펴보라.

사례 3.1 내담자의 주체성을 강조하는 반영적 진술

사례 1: 폭력을 행사하면서 화를 내는 남자에게 "부인이 정말 당신을 화나게 해서 그랬군요"라고 말하는 대신에 "당신은 화를 통제하지 못해서 부인을 밀었군요"라고 말할 수 있다.

사례 2: 버사는 6살 된 딸과 함께 사는 미혼모로 20세의 흑인 여성이다.

버사: 전 이 집안에서 일어나는 모든 일들에 지쳤어요. 나는 이 상황에서 벗어나야만 해요. 딸애와 함께 지내는 이 상황은 좀처럼 나아지지 않아요. 제가 바보같은 일을 하기 전에 결정을 내려서 여길 벗어나야 해요. 딸애는 어린애 같아요. 그 애는 무언가 좀 문제가 있어요. 딸애는 가만히 있는 법을 몰라요. 전 그 애를 혼자 내버려 둬요. 아무 말도 하지 않았지만 그 애는 여전히 저를 괴롭혀요. 저는 아이를 학대한 기록이 있어요. 만일 그 애 얼굴을 때린다면 저는 곤경에 빠질 거예요.

사회복지인턴: 당신은 이미 학대한 경험이 있고 만일 그 애에게 부정적으로 반

응한다면 집을 떠나야 할 뿐만 아니라 법적 문제까지 겪게 될까봐 당
신이 하게 될 일을 염려하고 있네요.

이 반응은 다른 사람들을 거의 언급하지 않고 대신에 내담자 자신의 행동과
가능한 결과를 강조한다. 변화와 책임성에 관련된 메시지 부분을 강조하라.

사례 3: 피트는 간질환을 가진 53세 백인 남성으로 현재 병원에서 상담을 받
고 있다. 이식자 명단에 등록하기 위해서 그는 앞으로 술을 마시지 말아야
한다.

피트: 의사는 술때문에 간이 망가졌다고 합니다. 물론 제가 술을 많이 마시
기는 했었죠. 하지만 다른 요인들도 간에 영향을 미친다고요.
사회복지인턴: 음주가 간 질환에 영향을 주었군요.

전형적인 알코올 치료 프로그램 관점에서 보면 내담자의 진술은 부정하고 있
는 것으로 생각될 수도 있고 이는 직면되어야 하기도 한다. 그러나 동기강화
상담에서는 이 입장이 유용하다고 보지 않는다. 내담자의 진술을 직면하기보
다, 인턴은 논쟁하지 않고 술이 가져온 피해를 인정하는 진술 부분을 끄집어
낸다.

사례 4: 청소년 법정에 있는 10대

십대: 별일 아니에요. 제가 한 일은 친구들과 놀러 갔을 뿐이예요. 통금 이후
면 어때요? 그들은 제가 그 이상의 무언가를 했다고 말하지만 그렇지
않았어요.
사회복지인턴: 통금 이후에 친구들과 함께 있었을 때 일어난 일이 당신을 곤
란하게 했군요.

다시 말하지만, 책임성과 주인의식과 관련된 내담자 메시지의 일부를 강화하
는 것이 중요하다.

연습 안내: 다음 대화를 읽고 문장 끝에 있는 질문에 대답하라.

연습 문제 1: 숀은 학교폭력 예방프로그램에 의뢰된 16세 라틴계 소년이다.

숀: 전 정규고등학교에 가고 싶어요. 이런 특수 고등학교에 다닐 필요는 없어요.
사회복지인턴: 당신이 공립학교 체제로 돌아가려면 무엇을 해야 할까요?
숀: 전 모든 단계를 거쳐야 해요. 지금은 1단계에 있는데 3단계까지 가야 해요.
사회복지인턴: 제가 듣기로는 당신은 이곳에 있고 싶지 않고, 정규고등학교에 돌아가고 싶지만 단계를 거쳐야 하는 것 같군요.

▸ 논의 질문
• 인턴의 반영하기를 어떻게 생각하는가?

• 인턴의 반영은 내담자의 진술보다 더 나아가 내담자가 더 깊은 감정을 경험하도록 도왔는가? 아니면 내담자의 진술에서 동기적 측면을 축소하였는가?

연습 문제 2: 한 가족에게 등교를 거부하는 7살 아들이 있다. 그는 항상 어머니와 같이 있고 싶어 한다. 다음 사례에서 인턴은 첫 만남에서 아이의 아버지에게 말을 걸고 있다.

사회복지인턴: 밥 씨, 조용하시네요. 당신이 걱정하는 것을 말해 줄래요?

밥: 음, 찰스가 아무 것도 하고 싶어하지 않을 때 아내가 매우 소극적이라는 사실이 걱정입니다.

사회복지인턴: 당신은 아들이 아무것도 하지 않으려는 것과 아들이 하고 싶지 않다고 말하면 아내가 아들에게 하도록 강요하지 않는 것이 염려스럽다고 말씀하시는 것으로 들리네요.

▸ 논의 질문

• 인턴의 반영하기를 어떻게 생각하는가?

• 인턴의 반영은 내담자의 진술보다 더 나아가 내담자가 더 깊은 감정을 경험하도록 도왔는가? 아니면 내담자의 진술에서 동기적 측면을 축소하였는가?

연습 문제 3: 버사는 6살 된 딸과 함께 사는 미혼모로 20세의 흑인 여성이다.

버사: 정말 짜증이 나요. 저는 매일 화가 난 채로 눈을 떠요. 제 집은 편안한 곳이 아니에요. 제 딸이 제게 뭐라도 말을 하면 곧장 싸우게 될 지경까지 왔어요.

사회복지인턴: 음, 버사, 당신이 말하는 것을 들어보면 당신이 집에 있는 동안 불편해 하거나 화를 내서는 안 된다는 타당한 의견을 제시하는 것으로 들리네요. 이곳은 당신이 사는 곳이고 여기서 행복하지 않다는 것은 아마 쉬운 일이 아닐 겁니다.

▶ 논의 질문
• 당신은 동기강화상담에 보다 부합하는 반영적 진술을 만들 수 있는가?

연습 문제 4: 우울증으로 입원 중인 내담자가 "여러분 중에는 제 남자 친구에게 무슨 일이 있었는지 아는 분이 있겠지요. 이번 주말에 저희들은 정말 헤어질 뻔 했어요. 짐을 꾸렸을 뿐만 아니라 가방을 잠갔어요. 힘든 주말이었어요. 남자친구가 자기 마음대로 저를 대하는 게 정말 지겨워요."라고 말한다.

▶ 논의 질문
• 당신은 이 내담자 진술의 어떤 면을 강조해야 할 것인가?

• 당신은 무슨 말을 할 것인가?

연습 문제 5: 데이비드는 운전자와 보행자에게 공격적으로 소리를 지르면서 차량 속으로 뛰어 입원하게 된 45세 백인이다. 그는 양극성 장애 진단을 받았고 공동생활을 위해 가사분담을 해야 하는 그룹홈에서 생활하고 있다. 데이비드는 규칙을 따르지 않았다는 이유로 그룹홈에서 2번 쫓겨난 적이 있다. 규칙을 3번 이상 위반한다면 그룹홈은 다시 그를 받아들이지 않을 것이다.

데이비드: 저는 또 그룹홈에서 쫓겨났어요. 저는 화가 나서 단지 죽고 싶다는 생각이 들었고 가장 쉬운 방법이 될 것 같아 운전 중인 차에 뛰어들었어요.

사회복지인턴: 그룹홈에서 다시 쫓겨나서 당신은 몹시 화가 났고 죽고 싶다는 생각을 하게 된 듯하네요.

▸ 논의 질문

• 이 사례에서 인턴이 반영했던 것을 어떻게 생각하는가?

• 당신은 어떤 대안적인 방식으로 내담자를 강화할 수 있는가?

---

3 │ 결론

이 장은 사회복지사가 내담자와 대화할 때 사용하는 필수적인 기술인 반영적 진술과 공감의 사용을 검토했다. 동기강화상담과 관련하여 내담자의 역량강화와 문제에 대한 주인의식을 강화하는 데 초점을 두었다. 4장에서는 보다 전략적인 방식으로 반영적 진술을 사용하는 방법을 강화하고자 한다.

CHAPTER

04

열린 질문

CHAPTER

04 열린 질문

열린 질문은 내담자가 자신에 대해 설명하고, 앞으로 협력할 수 있는 분위기를 만드는 등 내담자와 사회복지사 사이의 대화를 시작하게 한다. 이미 알고 있는 내용이지만 이 장은 개방형 질문의 기본 개념과 구성으로 시작한다. 그 다음 동기강화 면접의 특징인 내담자의 진술을 변화시키는 좀 더 심화된 질문기술을 다루도록 하겠다.

밀러Miller와 롤닉Rollnick(2012)은 열린 질문이라는 용어를 사용했지만 다른 사회복지 관련 교육과 저서에서는 이런 질문들을 개방형 질문이라고 부른다. 이 책은 동기강화상담에 관한 책이기 때문에 밀러Miller와 롤닉Rollnick의 용어를 사용한다.

1 정의

열린 질문은 "예", "아니오"나 단순 사실로 대답할 수 없는 질문이다. 열린 질문은 정보를 모으고 내담자가 탐색을 하고 그들의 관심사를 명확하게 하도록 돕는다(Hepworth et al., 2012). 열린 질문은 사람들이 자신의 경험과 감정을 탐색하게 하고, 심문하는 방식으로 대화가 전개되지 않게 막아준다.

열린 질문은 내담자가 스스로 생각하고 탐색하도록 격려하고 도와준다. [안내 4.1]은 열린 질문을 구성하는 데 필요한 몇 가지 세부조항을 나열하고 있다.

닫힌 질문은 "예", "아니오" 반응 중의 하나(예: 학교가는 것을 좋아하세요?)나 짧은 정보(예: 형제와 자매가 몇 명인가요?)로 대답할 수 있는 질문이다. 일련의 닫힌 질문을 하게 되면 대화는 속도가 빠른 질문과 응답 형태로 전개된다. 이 장의 연습문제에서는 자신을 개방하지 않는 내담자들의 사례를 보게 될 것이다. 닫힌 질문은 자유롭게 표현하게 하는 대신 의도하지 않게 대화를 단절시키는 기능을 할 수 있다. 닫힌 질문에는 짧게 대답하게 되기 때문에 닫힌 질문을 할 때 상호작용이 더 힘들다는 것을 알게 될 것이다. 닫힌 질문이 유발하는 또 다른 문제는 종종 답을 유도한다는 것이다. 유도하는 질문은 당신이 원하는대로 내담자가 응답하게 만들고(예: 당신은 교사에게 도움을 청할 수 있다고 생각하세요?) 때로는 조언하기 위한 얄팍한 속임수로 전락한다.

안내 4.1 질문하기의 지침

하지 말 것	할 것
• "왜" 질문 사용 사람들이 평가되고 비난받는다고 느끼게 하고, 방어적으로 만들거나 불필요하게 합리화하게 한다.	• "어떻게"나 "무엇" 사용
• 한 번에 너무 많은 질문하기 혼란스럽고 질문공격이나 심문당하는 것으로 느껴진다.	• 한 번에 한 가지 질문하기
• 당신의 레퍼토리가 지배적인 질문하기	• 질문 1 : 진술 3의 비율 유지하기
• 일반론적인 이야기하게 놔두기 열린 질문은 행동, 상황, 비인간적인 상호작용에 관해 좀 더 구체적으로 언급하도록 하는 데 사용된다.	• 구체화하는 질문하기(예, "예를 들어주시겠어요?", "어떻게 그런 결론을 내리게 되었나요", "지난번 생긴 일에 관해 말씀해 주시겠어요?")

> "사람들은 늘 당신의 자유를 빼앗아가려 한다"와 같은 일반론적인 진술을 전체적으로 말할 수 있게 돕는다.
> - "그것이 당신의 기분을 어떻게 했나요?" 질문
> - "기분이 어떠세요? 질문

"왜"는 피해야 하는 또 다른 질문방식이다. 그것은 비판하거나 내담자가 자신의 동기를 지적으로 설명하게 한다. 내담자는 종종 그들이 왜 그렇게 행동하는지 안다. 그러나 자신의 행동을 변화시키기는 여전히 힘들다. 다른 사람들은 그들의 행위에 대해 거의 이해하지 못할 수 있지만, 그들에게 "왜"를 설명하라고 요구하는 것이 그들을 이해하는 데 도움이 되지는 않는다. 내담자의 관점과 대안을 만들어내는 능력을 드러내게 하기 위해서 "왜" 질문을 "어떻게"나 "무엇" 질문으로 전환하는 것을 대안으로 생각하라. 예를 들어 "이번에는 왜 그룹 홈을 떠나라는 요청을 받았다고 생각하세요?"라는 질문을 "그룹 홈을 떠나라고 요구받을 만한 무슨 일이 있었나요?"라고 질문할 수 있다. 이 두 질문의 미묘한 차이는 후자는 내담자가 구체적인 원인을 지목하는 대신에 많은 설명을 하도록 유도하는 열린 질문이라는 점이다.

내담자의 서비스 자격 여부를 평가하거나 접수단계에서 내담자의 욕구가 무엇인가를 결정하는 경우에 학생들은 종종 닫힌 질문을 주로 하게 된다. 그러나 기관 양식에서 닫힌 질문 항목은 일반적으로 내담자를 편안하게 그들의 경험을 드러내도록 할 수 있는 개방형 질문으로 쉽게 전환될 수 있다. [연습 4.1], [연습 4.2], [연습 4.3]은 닫힌 질문에서 열린 질문으로 전환하는 연습 기회를 제공한다. [연습 4.4]는 당신이 내담자와 일할 때 열린 질문을 실천할 수 있게 해주는 과정기록 개요이다.

정신과 프로그램 접수에서의 닫힌 질문과 열린 질문 비교

연습 안내: 이 대본에서, 사회복지인턴은 접수단계에서 우울증으로 대학을 중퇴한 로라(18세)를 만난다. 발췌문 다음에 당신이 대답해야 하는 질문들이 제시되어 있다.

사회복지인턴: 무슨 일이 있었지요?

로라: 음, 저는 정말 기운이 없었고 자살 생각을 했기 때문에 학교를 그만두어야만 했어요.

사회복지인턴: 이런 증상은 얼마나 오랫동안 지속되었죠?

로라: 학교에 간 후 바로 시작되었어요. 그때 저는 얼마 지나지 않아 병원에 가야만 했어요.

사회복지인턴: 어느 병원에 가서 얼마 동안 입원했었나요?

로라: 마운트 홀리 병원에 가서 3일 동안 입원해 있었어요.

사회복지인턴: 그렇군요. 그러면 지금도 살고 싶지 않다는 생각이 드나요?

로라: 아니요.

사회복지인턴: 그렇다면 이런 생각들이 얼마나 심각했었나요? 자살을 계획하거나 시도한 적이 있나요?

로라: 아니요. 자살을 계획하거나 시도한 적은 없어요. 그냥 살고 싶지 않다고 생각을 했어요.

사회복지인턴: 그래서 삶에 아무런 희망이 없다고 느꼈나요?

로라: 네, 그래요.

사회복지인턴: 당신의 증상에 관해서 말해 줄 수 있을까요?

로라: 저는 정말 기운이 없었고 우울했어요. 할 수 있는 일이 많지 않았어요.

사회복지인턴: 잠은 잘 주무시나요?

로라: 네.

사회복지인턴: 식욕은 어떤가요?

로라: 많이 먹지는 못해요.

사회복지인턴: 체중이 줄거나 늘었나요?

로라: 병원에 있을 때부터 7kg 정도 줄었어요.

사회복지인턴: 오, 상당하군요. 혹시 약물에 중독된 적이 있었나요?

로라: 아니요.

사회복지인턴: 정신 질환 가족력이 있나요?

로라: 아니요.

사회복지인턴: 알았어요. 치료약으로는 무엇을 복용하고 있나요?

로라: 졸로프트를 복용하고 있어요.

사회복지인턴: 용량은 얼마나 되나요?

로라: 60mg이요.

사회복지인턴: 얼마나 오래 복용하셨나요?

로라: 약 3주쯤요.

사회복지인턴: 효과가 있나요?

로라: 별로 효과 있진 않았어요.

사회복지인턴: 약에 적응할 필요가 있을 수 있고 조금 더 시간을 두고 지켜봐야 할 것 같아요. 취미는 무엇인지 이야기해 주실래요?

로라: 운동하고, 우정 팔찌 만들기를 좋아해요.

사회복지인턴: 좋네요. 최근에 무언가 만들었나요?

로라: 글쎄요.

사회복지인턴: 기분이 가라앉았을 때 팔찌 만들기를 하면 괜찮을 것 같은데요?

▸ 논의 질문

• 얼마나 닫힌 질문을 하고 있나?

• 대화에서의 닫힌 질문의 효과는 무엇인가?

- 내담자는 사회복지사에 대해 어떻게 느낄 수 있을까?

- 당신이 닫힌 질문을 대신할 수 있는 열린 질문 5개를 만들어 보라.
  1.
  2.
  3.
  4.
  5.

연습 4.2 병원에서의 닫힌 질문과 열린 질문 비교

연습 안내: 이 대본을 읽은 후 닫힌 질문을 찾아내 열린 질문으로 전환하라. 피트는 그를 지지적인 동반자라고 말하는 부인과 살고 있는 56세 백인 남성이다. 피트는 30년간 알코올 남용을 해왔지만 최근에 음주량을 한 주에 4-5잔 맥주를 마시는 정도로 줄였다. 그는 의사의 진료 후에 입원했다. 피트는 통증을 느끼고 있었고 혈압이 높았다. 간이 기능을 멈추었고 이식을 해야 한다는 검사결과가 나왔다. 피트가 이식명단에 등록하기 위해서 그는 완전히 술을 끊어야만 했다. 인턴의 안건은 술을 끊어야 하는 필요성을 논의하고 알코올 재활에 관한 정보를 제공하는 것이다.

피트: 전 정말 이야기할 시간이 없어요. 절차대로 하고 싶습니다.
사회복지인턴: 당신이 떠나야 할 때까지 이야기 하는 건 어떠세요?
피트: 음, 그게 도움이 된다고 생각하시면 그렇게 해요.
사회복지인턴: 당신께 드릴 정보가 있어요. 당신의 기분은 어떠신지 궁금해요.
피트: 사회복지사시죠? 의사선생님은 제가 술을 마셨기 때문에 간이 망가졌다고 하셔요. 제가 술을 많이 마시곤 했지만 다른 것들도 간에 영향을 줍니다.

사회복지인턴: 그게 무슨 뜻인가요?

피트: 전 양주, 맥주, 모든 것을 마시곤 했어요.

사회복지인턴: 언제 술을 마시기 시작했나요?

피트: 20살이었어요.

사회복지인턴: 여전히 술을 마시나요?

피트: 조금요, 예전처럼은 아니구요.

사회복지인턴: 술을 얼마나 드세요?

피트: 한 주에 4-5잔 정도요.

사회복지인턴: 당신은 술을 완전히 끊는 것이 왜 중요한지 아시나요?

피트: 압니다.

사회복지인턴: 술을 끊을 수 있나요?

피트: 스스로는 못해요. 전 도움이 필요합니다.

사회복지인턴: 당신이 도움이 필요하다는 것을 인식하는 건 좋아요. 찾아보시면 도움될 만한 많은 프로그램과 정보가 있어요.

피트: 알아요.

사회복지인턴: 전에 치료를 받은 적이 있나요?

피트: 예, 단주모임에 갔습니다.

사회복지인턴: 그게 얼마 전이었죠?

피트: 몇 년 전에 한 1년 동안 다녔어요.

사회복지인턴: 당신은 왜 가는 걸 중단하게 되었나요?

피트: 전 종교적인 부분이 싫었어요.

▸ 논의 질문

• 인턴은 얼마나 많이 닫힌 질문을 했는가?

- 당신이 대신할 수 있는 열린 질문 3가지를 제시하라.

  1.

  2.

  3.

닫힌 질문을 열린 질문으로 바꾸기

케이티는 현재 공격성과 트라우마가 있는 청소년을 대상으로 하는 통제된 거주시설에서 마지막 단계를 보내고 있는 14살의 흑인 소녀이다. 케이티는 아버지와 삼촌들의 성학대로 고통받았고 마약과 알코올 사용뿐 아니라 어머니와 함께 매매춘을 하는 것이 목격되었다. 어린 형제들은 할머니의 보호 아래 남겨진 반면 그녀는 공격 성향과 가출로 인해 할머니의 보살핌을 받지 못하게 되었다.

안내: 열린 질문에 동그라미를 치면서 찾아보라. 닫힌 질문 옆에 표시를 하고 아래 제시된 공간에 하나씩 열린 질문으로 전환하라.

사회복지인턴: 주말에 무슨 일이 있었나요?

케이티: 사람을 때렸어요. 전 이곳을 나가고 싶었을 뿐이에요.

사회복지인턴: 힘든 주말을 보낸 것 같네요. 무엇 때문에 사람을 때리게 되었나요?

케이티: 세리나가 우리 엄마에 대해 나쁘게 말하고 있었거든요.

사회복지인턴: 그 애를 때리기 전에 대처기술을 사용하려 했나요?

케이티: 예. 코바늘 뜨개질을 하고 있었어요.

사회복지인턴: 그 애가 화나게 했기 때문에 코바늘 뜨개질을 하게 되었나요?

케이티: 아니요. 지루해서요. 주말 내내 그곳에서 아무 일도 할 게 없어요.

사회복지인턴: 코바늘 뜨개질 외의 좋아하는 여가 활동은 무엇인가요?

케이티: 카드놀이와 야외 활동이요.

사회복지인턴: 이번 주에 둘 중 하나라도 할 수 있었나요?

케이티: 아니요. 비가 왔고 전 카드를 잃어버렸어요.

사회복지인턴: 코바늘 뜨개질이 도움이 되지 않았을 때 10까지 숫자 세기를 시도해 보았나요?

케이티: 아니요. 그냥 그 아이를 때렸어요.

사회복지인턴: 그 전에 시도해 보았던 다른 기술은 무엇인가요?

케이티: 전 그 애에게 우리 엄마에 관해 이야기하지 말라고 말했어요.

사회복지인턴: 효과가 있었나요?

케이티: 아니요. 그래서 전 직원에게 말했고, 직원들이 세리나에게 저를 괴롭히지 말라고 했어요. 만약 계속 그런다면 처벌을 받을 거라고 말했어요. 그러자 그 애는 일어나 소파를 밟고 걸어와서는 우리 엄마가 창녀라고 속삭였어요. 더 이상 참을 수가 없었어요. 전 일어나서 제 얼굴을 대보면서 말해보라고 했어요.

사회복지인턴: 그 일로 더 이상 그룹홈에 있을 수 없을까 걱정이 되나요?

케이티: 조금요.

사회복지인턴: 왜 그들이 당신을 원하지 않을 거라 생각해요?

케이티: 왜냐하면, 여자선생님이 와서 상담했을 때 행동을 잘하라고 하셨고 전 그렇게 하지 못했어요.

사회복지인턴: 사람을 때린 자신에게 실망한 것처럼 들리네요.

케이티: 그래요.

사회복지인턴: 무엇을 다르게 할 수 있었을까요?

케이티: 그 애를 무시했어야 하지만 전 그러고 싶지 않았어요.

사회복지인턴: 왜 그렇게 하고 싶지 않았죠?

열린 질문 1:_____

_____

열린 질문 2:_____

_____

열린 질문 3:_____

_____

열린 질문 4: _____

_____

열린 질문 5: _____

_____

연습 4.4 과정 기록 개요(칼럼 양식)

연습 안내: 상담 과정 기록을 하는데 아래의 양식을 활용하거나 당신이 다니고 있는 사회복지학과에서 실제 상담 내용을 기록하도록 제시한 유사한 양식을 활용하라.

열린 질문의 수 _____개
닫힌 질문의 수 _____개
어느 쪽이 더 많은가? _____
각각의 닫힌 질문을 열린 질문으로 전환하라.

① _____

② _____

③ _____

④ _____

⑤ _____

이름	
날짜	
확인된 정보	
상담 안건	
초기 관찰	

실습지도자 의견	내용/대화	정서적 반응/ 자기 인식	학생의 분석/평가/이론	능력
다음 회기 계획				

2   자기동기강화 진술 이끌어 내기

　이제 당신은 열린 질문의 기초를 알고 있다. 다음 단계는 내담자로부터 변화를 유발하는 질문 구성을 학습하는 것이다. 동기강화상담에서의 핵심은 당신이 설득하고 논쟁하거나 내담자를 두렵게 하는 대신에 그들 스스로가 변화하도록 설득하는 방식으로 대화를 이끌어 가는 것이다. 그 목적을 위해서, 진술 유형을 이끌어 내기 위해 고안된 질문들이 [안내 4.2]에 제시되어 있다. 이것들은 질문의 예라는 것을 기억하라. 당신은 모든 내담자에게 이 모든 질문을 하지는 않을 것이다. 사실상 밀러Miller와 롤닉Rollnick(2012)은 진술과 질문의 비율이 3:1이 되도록 하라는 일반적 지침을 제공하고 있는데, 이것은 질문이 대화를 지배하지 않도록 하라는 것을 의미한다.

질문 유형	질문들
문제인식	• 이것이 문제라고 생각하게 만든 것은 무엇인가요? • 당신의 (문제)와 관련해서 어떤 어려움(신체적, 심리적, 사회적)이 있나요? • 어떤 방식으로 당신(신체적, 심리적)이나 다른 사람(사회적)에게 해가 되었나요? • 어떤 방식(신체적, 심리적, 사회적)으로 이것이 당신에게 문제가 되었나요? • 당신의 (문제)가 어떻게 당신이 원하는 것을 하지 못하게 하나요?
염려	• 당신의 (문제)에 대해 당신이나 다른 사람이 염려의 원인으로 보는 것은 무엇입니까? • 당신은 (문제)에 대해 무엇을 걱정하십니까? • 문제와 관련해 무엇이 당신을 힘들게 하거나 성가시게 하나요? • 얼마나 걱정이 되나요? 어떤 방식으로 걱정이 되나요? • 당신이 변화하지 않는다면 무슨 일이 일어날 것이라 생각하나요?
극단적으로 질문하기	• 이에 관해 장기적으로 가장 걱정이 되는 것은 무엇인가요? • 변화하지 않고 당신이 해왔던 것처럼 지속한다고 가정해 보세요. • 당신은 당신에게 일어날 수 있는 최악의 일은 무엇이라고 상상하나요? • 비록 이런 일이 당신에게 일어나지 않는다고 생각하더라도, 만일 지속한다면 발생할 수 있는 일(신체적으로, 심리적으로, 사회적으로)에 대해 당신은 얼마나 알고 있나요?

문제 행동에 대해 이야기하는 첫 단계로 밀러Miller와 롤닉Rollnick(2012)은 *문제인식과 염려*에 관한 질문을 제시한다. 이러한 질문유형은 사회복지의 관점과 일치하는 생리심리사회영성 틀에 부합할 수 있다. 문제인식에서 개인은 문제가 있다는 것을 인식한다는 진술을 한다: "최근에 일이 좀처럼 마음대로 되지 않는 것 같아요" 다음은 염려 진술의 예이다: "만일 이것을 해결하지 않는다면, 나쁜 일이 일어날 겁니다."

종종 내담자는 다른 사람의 관점에 서서 염려와 문제인식 질문에 더 잘 답할 수 있다. 사람들이 문제의 중심에 있으면 자신을 명확하게 보기가 힘들다. 다른 사람의 관점에서 자신을 조명할 때 그들은 자신을 좀 더 현실적으로 보고 아마도 자신이 변화하도록 설득하기 시작할 수 있는 역량이 강화될 것이다. [사례 4.1]을 보라.

[사례 4.2]는 청소년 법정에서 일하는 사회복지사가 내담자가 스스로 변화를 말하도록 질문하는 내용을 제시한다. [사례 4.3]을 통해 당신도 자신의 내담자에게 이러한 질문들을 적용할 수 있게 될 것이다.

사례 4.1   상대방의 관점에서 질문하기: 사례들

> "당신의 배우자는 음주가 두 사람의 관계에 어떤 영향을 주었다고 말하나요?"
> "어머니는 학교를 빠지는 것에 대해 무엇이라고 말씀하시는지 말해주세요"
> "당신의 배우자는 당신이 하는 일에 대해 뭐라고 하나요?"

사례 4.2   청소년 법정에서 자기동기강화 진술 이끌어 내기

> 리차드는 현재 소년 재판을 받고 있는 16세 흑인 소년이다.
>
> **사회복지사**: 리차드, 어쩌다가 대안교육센터(Alernative learning center, ALC)에 오게 되었는지 이야기해 봅시다.
> **리차드**: 그러죠. 뭐에 관해 말하면 되죠?

사회복지사: 음. 저는 그냥 당신이 그곳에 가는 경우에 가장 걱정하는 것은 무엇인지 궁금합니다.

리차드: ALC는 정말 짜증나요.

사회복지사: 예, 당신이 좋아하지 않는다는 것을 알지만, 그 중에서도 가장 싫은 것은 무엇인가요?

리차드: 저는 학교에 돌아가 친구들과 같이 지내고 싶어요. 제 말은 ALC에도 두어 명 아는 애가 있지만 학교 친구랑은 또 다른 것 같아요.

(이런 유형의 질문들은 리차드와 마비스 숙모가 함께 한 가족상담에서도 분노를 다스리기가 어렵다는 것을 이야기하기 위해 사용되었다.)

사회복지사: 리차드, 당신은 분노가 어떤 식으로 당신과 다른 사람에게 해가 된다고 생각하나요?

(문제인식)

리차드: 저는 마비스 숙모의 집을 떠나야 했고 선생님은 학교에서 벌을 줬어요. 저는 싸움을 했기 때문에 ALC에 오게 되었고요.

사회복지사: 이것은 어떤 식으로 당신을 힘들게 하나요?

(문제인식)

리차드: 학교에 있는 친구들이 보고 싶어요. 그래서 ALC에 있고 싶지 않아요.

사회복지사: 당신이 지금 상담에 참여하고 있다는 사실은 적어도 당신이 무언가를 해야 할 때라는 생각을 어느 정도 하고 있다는 것을 나타내는 군요. 당신은 당신이 변해야 한다고 생각하게 하는 이유가 뭐라고 생각하나요?

(변화 의도 끌어내기)

리차드: 저는 문제를 더 이상 일으키지 않으면서 학교로 돌아가고 다시 마비스 숙모와 함께 살고 싶어요.

사회복지사: 숙모와 같이 사는 것에 대해서는 무엇이 걱정되나요? 무슨 일이 생길 거라고 상상하죠?

(가능한 변화에 대한 염려 끌어내기)

리차드: 마비스 숙모집에 돌아갔을 때 제가 변하지 않는다면 아무 소용이 없을 거예요. 만일 이 방법이 잘 지켜지지 않으면 저는 가족과 떨어져서 다시 위탁가정으로 되돌아가야 할 거예요.

사회복지사: 무언가 변하지 않는다면 벌어질 일에 대하여 당신은 진지하게 생각하는 것처럼 들리네요. 당신은 얼마나 걱정이 됩니까?
(변화 의도 끌어내기)

리차드: 많이요! 저는 이리저리 옮겨다니는 게 피곤하고 가족과 함께 지내고 싶어요. 전 해내야만 해요.

사회복지사: 그러면 당신은 변화의 필요성과 당신이 그 변화의 일부라는 것을 알고 있네요.

리차드: (고개를 끄덕임)

사회복지사: 두 분이 모두 여기 있다는 사실은 이번 노력이 가치 있다고 생각하는 것을 나타내는 것 같아요. *(마비스 숙모에게)* 리차드의 분노와 어쩌면 집으로 돌아가게 될 가능성이 당신에게 어떤 식으로 걱정이 되나요?
(염려 끌어내기)

마비스 숙모(*리차드를 향하며*): 저는 이번 노력이 효과가 있었으면 좋겠어요. 이것이 제가 처음부터 여기에 오는 것에 동의한 이유입니다.

사례 4.3 변화를 권장하는 질문 적용하기

사회복지사: 그래서, ALC에서 나와 학교로 돌아가서 좋은 점 하나는 친구들을 매일 볼 수 있다는 건가요?

리차드: 예.

사회복지사: 잠시 동안 기적이 일어나서 당신이 내일 학교로 돌아가게 되었다고 가정해 봅시다. 일들이 어떻게 나아졌을까요?

리차드: 이미 말씀드렸다시피 전 친구들을 만날 거예요.

사회복지사: 그러면 당신은 친구들을 만날 수 있는 자유를 얻게 되겠죠?

리차드: 예, 지금은 마비스 숙모가 ALC로 저를 데리러 와서 바로 집으로 가야만 하기 때문에 친구들을 볼 수 없어요. 제가 할 수 있는 게 아무것도 없는 것과 같아요.

사회복지사: 당신은 자유를 그리워하는 것처럼 들리네요.

> **리차드:** 아주 많이요.
>
> **사회복지사:** 그러면 친구들을 만날 수 있다는 것은 당신이 ALC를 떠나기 위해 해야 하는 것을 해서 얻게 되는 하나의 좋은 점이네요. 다른 것은 뭐가 있을까요?
>
> **리차드:** 사람들이 저의 뒷담화를 좀 덜 하게 될 것이고 전 다른 일을 할 수 있겠죠.

3 | 결론

사회복지사와 내담자 사이의 여느 상호작용과 마찬가지로 질문 사용은 동기강화상담에서 핵심적인 도구이다. 동기강화상담에서 사용되는 열린 질문은 내담자가 자기동기강화와 다른 변화진술을 이끌어낸 것과 같은 또 다른 중요한 탐문의 토대로서 자신의 문제를 충분히 탐색할 수 있게 해준다. 인정하기에 관한 5장에서는 본래 강점을 기반으로 하는 다른 방식의 열린 질문을 활용하는 법을 논한다.

CHAPTER

05

유지대화에 반응하기

CHAPTER

05 유지대화에 반응하기

내담자의 진술을 반영하고 변화에 관한 대화를 어떻게 강화할 것인가에 대한 논의가 3장에서 이루어졌다. 이 장에서는 늘 변화하는 동기를 강화하는 방법에 대한 주제를 다루고 있다. 그리고 "저항"을 다루는 방법을 탐색하고, 내담자의 양가감정을 반영하지만 변화를 지지하는 방식으로 상담 회기를 요약하는 방법을 설명한다.

1 유지대화에 대한 반영 응답

*유지대화*는 내담자가 변화보다는 현상을 유지하기 원하는 것에 대한 반응을 일컫는다. 밀러Miller와 롤닉Rollnick(2012)은 과거에 "저항"으로 지칭했던 개념을 유지대화라는 용어로 대체하였는데, 이는 저항이 내포하는 부정적인 의미뿐만 아니라 "저항"이라고 언급된 대부분의 것들이 내담자가 자신이 원래 유지해온 방식을 고수하겠다는 진술을 포괄하기 때문이다.

내담자가 보이는 저항이나 유지대화는 실무자의 실천기술이 내담자의 변화 단계와 부합하지 않는다는 신호가 된다. 이 정의는 저항이 내담자가 가지는 불변의 특성이라는 관점과 반대된다. 동기강화에서는 저항을 사회복지사와 내담자의 상호과정의 결과로 바라본다.

밀러Miller와 롤닉Rollnick(2012)이 저항이라고 지칭한 행동은 현재 "불협화음"이라는 용어로 대체되었다. 여기에는 논쟁, 방해, 부인이 포함된다. 자세한 내용은 [안내 5.1]에 설명하고 있다.

밀러Miller와 롤닉Rollnick(2012)은 어떤 종류이든 내담자의 저항에 대해서 직면하는 것에 대해 반대한다. 이러한 반응이 불협화음과 힘 겨루기를 고조시키는 것으로 보기 때문이다. 대신, 그들은 변화를 격려하는 방식으로 지시적이고 전략적인 반영적 반응을 할 것을 제안한다(Moyers & Rollnick, 2002).

안내 5.1 사회복지사가 전략을 변경해야 한다는 것을 알려주는 내담자의 신호

신호	설명
논쟁	• 사회복지사의 지위 혹은 전문성에 대해서 문제를 삼거나 동의하지 않는 경우
방해	• 부적절하거나 방어적인 방식으로 사회복지사의 말을 끊고 자신의 말을 하는 경우
부인	• 내담자가 자신의 문제를 인지하거나 책임을 지는 것에 실패하는 경우 • 비난, 동의하지 않음, 변명, 최소화 • 변화에 대해서 무망감을 표현하거나 변화에 의지가 없음

출처: Miller 및 Rollnick(2002)에서 발췌, 수정.

2 단순반영

변화에 대한 내담자의 저항을 다루는 기본적인 방법에는 *단순반영*이 포함된다. 이 기술에는 내담자의 감정, 생각 또는 의견에 대한 인정이 포함된

다. 이를 통해 내담자는 방어하기보다 자신의 문제를 탐색하기 위해 노력한다. 예를 들어, 내담자는 "당장에 너무 많은 도움이 필요한 이 상황에서 이것이 어떻게 도움이 될지 모르겠어요."라고 말할 수 있다. 단순반영으로 "현재 당신은 압도된 기분을 경험하고 있군요. 그리고 이것이 얼마나 중요한지에 대해서 불확실하고요. 다른 중요한 사안에 대해서 이야기하고 싶을지도 모르겠습니다."라고 할 수 있다. 이러한 진술은 내담자가 자신의 감정과 관심사를 탐색할 수 있게 해주며 내담자의 양가감정에 초점을 맞춰야 하는지 또는 다른 문제가 우선 순위인지 여부를 이해하도록 도와준다.

3 확대반영

다른 전략으로 *확대반영*이 있다. 확대반영은 내담자의 진술을 인정하지만 극단적인 방식을 취한다. 확대반영은 전형적으로 내담자를 확고한 위치에서 물러나게 하는 효과를 가지며, 변화에 대한 협상을 가능하게 한다. 확대반영의 목적은 변화를 원하는 내담자의 한 측면을 이끌어 내는 데 있다. 확대반영을 할 때에는 돌보는 태도를 보여야 하며, 사회복지사가 이야기 할 때 절대로 빈정대는 듯한 느낌이 들게 해서는 안 된다. 그렇지 않으면 내담자의 기분이 상할 것이다. [사례 5.1]과 [사례 5.2]를 살펴보라.

사례 5.1 리차드(보호관찰을 받고 있는 16세 흑인 소년)에게 확대반영 적용하기

리차드: 제 생각에 정신과 치료는 정말 쓸데 없는 거였어요. 예전에 저를 상담했던 상담사는 저를 다 파악하고 있다고 생각했겠지만, 사실은 하나도 몰랐어요.

사회복지인턴: 상담사는 당신에게 아무 도움도 줄 수 없다고 생각하는군요 (확대반영).

리차드: 뭐, 저는 뭐가 도움이 되고 안된다고 말한 적은 없어요. 아무튼, 치료가 필요한 애들은 제게 나쁜 말을 했던 걔네들이에요(리차드는 학교에서 친구들에게 놀림을 받아 싸웠다).

사회복지인턴: 여기에 있을 필요가 없다는 뜻이군요. 우리가 당신을 걱정할 필요도 없구요. 정작 도움이 필요한 사람은 학교에서 당신을 놀린 그 애들이네요.

리차드: 맞아요. 제가 정신병자도 아니고, 여기에 있을 필요가 없어요.

사회복지인턴: 그렇군요. 만약 문제를 스스로 해결할 수 없으면 정신적으로 문제가 있다는 뜻이군요.

리차드: 나는 미치지 않았어요. 그리고 아무도 이 문제를 해결할 수 없고요.

사회복지인턴: 이 상황이 절대 변할 수 없다고 생각하는군요.

리차드: 아뇨, 그렇다기보단, 제가 스스로 할 수 있을 것 같지는 않다는 말이에요.

사례 5.2 확대반영

사회복지인턴이 버사에게 확대반영을 적용한 사례다.

버사: 나는 집안에서 일어나는 모든 일들에 지쳤어요. 나는 이 상황에서 벗어나야만 해요. 딸애와 함께 지내는 상황이 나아지지 않아요. 내가 바보 같은 짓을 하기 전에 결정을 내려서 여길 벗어나야 돼요. 딸애한텐 문제가 있어요. 그 아이는 가만히 있는 법을 몰라요. 나는 그 애를 그냥 내버려둬요. 나는 그녀에게 아무 말도 하지 않지만, 그녀는 여전히 나를 괴롭혀요. 저는 이 애를 학대한 기록이 있어요. 더 이상 제 능력으로 이 문제를 해결하기는 쉽지 않을 것 같아요. 만약 내가 딸을 때린다면, 나는 곤경에 빠질 거예요.

사회복지인턴: 당신이 다른 사람과 좋은 관계를 유지할 수 없을 때 당신이 생각하는 유일한 해결책은 그 사람을 떠나는 것이네요. 당신이 어디로 가야할지도 모르고 그로 인해 이 기관에서 받고 있는 모든 서비스를 더 이상 이용할 수 없게 되더라도 말이에요.

4 | 양면반영

*양면반영*은 내담자의 양가감정 양 측면을 반영한다. 사람들은 변화의 가능성을 탐색할 때 변화하기를 원하는 것과 문제가 되었던 행동을 유지하기를 원하는 양가감정을 경험한다. 행동의 장단점을 요약하는 것에 더하여, [안내 5.2]에 개괄한 것과 같이 양가감정을 반영할 수 있다. 양면반영을 통해 불협화음을 확대시키는 것은 동기강화상담에서 주요 기법이 된다. 양가감정의 양면을 동시에 제시하는 것은 내담자를 변화의 방향으로 움직이기에 충분한 내부 부조화를 창출하는 것으로 생각된다(Miller & Rollnick, 2012). 양면반영을 하는 데 몇 가지 지침이 있다. 첫 번째는 양가감정의 양면을 요약하기 위해 "하지만"보다는 "그리고"라는 단어를 사용하는 것이다. 그렇지 않으면 한쪽 측면이 무효화된다. 두 번째는 내담자의 변화 방향을 결정하는 진술로 결론을 내리는 것이다. 이를 통해 내담자가 변화하고자 하는 입장에 좀 더 초점을 두게 될 것이다. [사례 5.3]을 살펴보라.

안내 5.2 불협화음을 유발하는 양면반응

양가감정 절차	예
행동의 장점과 단점 간	"한편, 당신은 우울증을 앓을 때 코카인을 사용하면 기분이 나아질 수 있다고 믿는군요. 그리고 약효가 떨어질 때 당신은 매우 기분이 저하되고 우울증을 느끼는군요."
변화의 장점과 단점 간	"당신은 변화하는 것이 당신으로 하여금 이 상황들을 계속해서 통제 가능하게 한다는 것을 알고 있어요. 그리고 당신이 인생에서 성취하고자 하는 바를 생각해 볼 때 현재로서 이것이 과연 가치있는 일인지 궁금해하고 있습니다."
가치와 문제행동 간	"당신의 아내는 당신의 인생에 있어서 훌륭한 지지자이군요. 그리고 지금 현 상태가 유지된다면 그녀는 당신을 떠날 수도 있을 것이구요."

양면반영

예 1: 사회복지인턴은 수술 후 병원 재활병동에 입원하라는 의사의 지시를 따르지 않고 자기 집으로 돌아온 86세의 백인 남성 셀러스 씨를 상담하고 있다.

사회복지인턴: 당신은 계속해서 독립적으로 생활하기를 원하고 있습니다. 그리고 의사의 권고에 따르지 않고 있습니다. 당신의 건강은 다시 입원해야 할 정도로 악화될 수도 있습니다.

예 2:
피트: 나는 약 1년 동안 금주 모임에 갔었지만 종교적인 부분을 좋아하지 않았기 때문에 더 이상 그 모임에 나가지 않고 있어요.
사회복지인턴: 당신은 AA 프로그램의 일부 측면에 어려움을 겪었군요. 그리고 AA는 상당한 시간 동안 당신에게 도움이 되었군요.

사회복지인턴의 진술에는 내담자의 양가감정의 양면이 모두 반영되고 있다. 내담자의 경험을 부정하지 않고 AA가 1년 여간 도움이 되었다는 점을 강조했다. 하지만 동시에 AA 프로그램의 종교적인 측면이 내담자에게 힘들었다는 것을 언급하였고 다른 측면들은 도움이 되었다는 것을 반영하고 있다.

5 재구조화

*재구조화*는 내담자가 변화에 대해 사용하는 논점을 취하고 변화를 촉진하기 위해 정보의 의미를 변경하는 것을 포함한다. 즉, 당신은 "불행 속의 한 가닥 희망", 또는 패배주의자 또는 부정적인 내담자로 보이는 것을 변화시키고자 하는 진술을 찾는다. [사례 5.4]는 재구조화와 관련된 예들을 제시하며, [연습 5.1]은 몇 가지 연습 활동을 제공한다.

6 | 초점 바꾸기

*초점 바꾸기*는 내담자의 입장에서 양극화되는 것을 피하기 위해 잠재적인 난관에서부터 내담자의 태도를 이동시키는 것이다. 초점 바꾸기를 위한 일반적인 지침은 "먼저 초기 관심사를 해결한 뒤, 보다 쉽게 작업할 수 있는 문제에 주의를 집중시키는 것"이다.

사례 5.4 재구조화

예 1: 사회복지인턴은 50대 중반 백인 남성인 매튜와 상담을 하고 있다. 매튜는 얼마 동안 단주했지만 최근 들어 술을 마시는 문제로 고민하고 있다.

사회복지인턴: 당신이 다시 금주를 했을 때 어떤 모습일까요?

매튜: 술을 마시면서 했던 멍청한 행동을 하지 않겠지요. 그리고 제 자신에 대해 자랑스러운 기분이 들 거예요.

사회복지인턴: 금주를 할 때 당신은 자신에 대해 훨씬 긍정적인 생각을 하게 될 것입니다.

매튜: 나는 기분이 좋지 않고 지루할 때, 술을 마시는 대신에 다른 일을 할 수도 있을 것 같아요. 잘 모르겠어요. 정말 어렵습니다.

사회복지인턴: 당신은 이미 이 문제를 통제할 수 있는 방법에 대해 많은 통찰을 가지고 있습니다. 그리고 무엇에 집중할 필요가 있는지 알고 있고요.

매튜: 글쎄요, 저는 이미 몇 번이나 이걸 겪었는 걸요. 지금쯤이면 무언가를 배우고도 남았지요.(미소)

예 2: 다음은 수술 이후에 재활병동으로 가는 대신에 퇴원을 한 노인 내담자에 관한 사례다.

피터: 나는 도수가 센, 독한 술을 마시곤 했어요. 맥주를 포함해서 모든 종류의 술을 마셨지요.

사회복지인턴: 당신은 이미 술을 줄이는 것의 중요성을 깨닫고 많은 노력을 하고 있네요.

연습 5.1 재구조화

연습 1: 집행유예 기간 중 한 십대는 "선생님은 내가 얼마나 변했는지 모를 거예요. 저는 집행유예를 선고 받고 많이 변했어요."라고 말한다.
당신의 재구조화 반응:

연습 2: 자녀를 방임했다는 이유로 조사를 받고 있는 한 부모는 "만약 제 남편이 자기 일에 신경을 썼더라면 나는 이 아이들을 돌보는 것에 집중할 수 있었을 거예요."라고 말한다.
당신의 재구조화 반응:

사례 5.5 초점 바꾸기

"제 생각에 당신은 조금 앞서 생각하고 있는 것 같군요. 우리는 이 시점에서 남은 인생 동안 술을 완전히 끊는 것에 대해 이야기하고 있는 것이 아닙니다. 당신에게 무엇이 최고의 목표인지, 그리고 어떻게 하면 이것을 실현할 수 있는지에 대해 조금 더 이야기 해 봅시다."

7 | 자율성 강조하기

*자율성 강조하기*는 내담자가 해야만 하는 것에 대한 논쟁에 휘말리기보다는 변화는 오직 내담자에게 달려있다는 것을 전달하는 것을 포함한다(당신은 지금 이것을 실행할 수 있고 아니라면 이후 당신이 원할 때까지 기다릴 수 있습니다). 밀러Miller와 롤닉Rollnick(2002)은 다음과 같이 언급하였다.

사람들은 선택의 자유가 위협 받고 있다고 인식하면, 자유를 주장하며 반응하는 경향이 있다. 아마도 이 반응에 대한 최고의 해독제는 그 사람에게 무엇이 진실인지를 확인시켜 주는 것이다. 결국 무슨 일이 일어날지를 결정하는 것은 내담자의 몫인 것이다.

연습 5.2 내담자가 변화를 원하지 않을 때 반영하기

연습 안내: 대화 중에 일어나는 일에 대한 최선의 대답을 선택하라.

내담자: 나는 무엇을 해야할지 모르겠어요. 나는 내 아들을 위해서 남자 친구를 떠나야 할 필요가 있다고 생각하지만 나는 혼자서 아이를 키울 능력이 없어요.

사회복지인턴: 당신과 당신의 남자 친구가 더 이상 함께 하지 않으면 당신의 아들에게 더 좋은 상황이 되겠군요.

　　a. 단순반영

　　b. 확대반영

　　c. 양면반영

　　d. 자유로운 선택을 분명히 하기

내담자: 나는 내 문제를 다루고 싶지만 때로는 귀찮은 일을 만들지 않는 게 더 쉽다고 생각해요.

사회복지인턴: 변화를 위해서는 노력이 필요하지요.

    a. 단순반영

    b. 확대반영

    c. 양면반영

    d. 자유로운 선택을 분명히 하기

내담자: 내 남편은 괜찮은 사람입니다.

사회복지인턴: 당신의 남편은 당신을 해치지 않을 것입니다.

    a. 단순반영

    b. 확대반영

    c. 양면반영

    d. 자유로운 선택을 분명히 하기

사회복지인턴: 수술 이후에 복용해온 약에 대해 좀 알려주십시오.

내담자: 의사가 5개 약을 처방해 주었지만 나는 3개를 복용했어요. 다른 것들은 제게 필요하지 않아요. TV에서는 약이 도움이 되기보다 해를 끼친다고 말해요.

사회복지인턴: 당신은 의사보다 TV가 제공하는 정보가 더 신뢰롭다고 느끼는 군요.

    a. 단순반영

    b. 확대반영

    c. 양면반영

    d. 자유로운 선택을 분명히 하기

사회복지 실천현장에서 내담자의 저항을 확인하고 다루기

연습 안내: 다음에 제시되는 "불협화음" 유형의 예를 각각 제공하라. 이를 다루는 기술을 규명하고, 이 기술을 반영하는 진술을 작성하라. 이 연습은 개별적으로 또는 소그룹으로 수행할 수 있다. 후자의 경우, 학생들은 특정 유형의 실습 현장(아동복지, 노숙인을 위한 서비스, 학교사회복지, 장기요양기관)을 중심으로 그룹을 지어 각 현장에서 관찰할 수 있었던 내담자의 반응을 토론할 수 있다.

신호	설명	내담자 예시	저항을 다루는 사회복지사의 기술
논쟁	• 내담자가 사회복지사의 지위나 자격에 의문을 던지거나 동의하지 않음		진술: 반응 유형:
방해	• 부적절하거나 방어적인 방식으로 사회복지사의 말을 끊고 자신의 말을 하는 경우		진술: 반응 유형:
부인	• 내담자가 자신의 문제를 인지하거나 책임을 지는 것에 실패하는 경우 • 비난, 동의하지 않음, 변명, 최소화 • 변화에 대해서 무망감을 표현하거나 변화에 의지가 없음		진술: 반응 유형:
무시	• 내담자가 사회복지사의 말을 따라오지 못하거나, 답변하지 못하고, 논의에서 벗어남		진술: 반응 유형:

이제 당신이 저항을 다루는 데 도움이 되는 전략에 노출되었다면, [연습 5.2], [연습 5.3], [연습 5.4]를 완료하여 이해를 향상시킬 수 있다.

[연습 5.5]에서, "래리"와 관련된 사례는 이 장에서 배운 동기강화상담 기술을 연습하는 데 사용될 수 있다.

연습 5.4 저항 확인하기(유지대화)

연습 안내: 사회복지사가 변화 전략을 전환해야 함을 나타내는 진술에 동그라미를 치라. 동그라미 친 각 문장에 대해, 이 장에서 설명한 기술을 사용하여 예시 답변을 작성하라.

"나는 할 수 없어요."
"나 스스로 할 수 없어요."
"나에게 다른 대안이 없어요."
"네, 하지만…"
"아무도 이해하지 못해요."
"이전에 해보았지요."
"당신은 내가 겪고 있는 일을 이해하지 못해요."
"나는 내가 여기에 왜 있는지 모르겠어요."
"이건 소용이 없을거예요."
"네, 나도 잘 알아요, 잘 알고 말고요."
"나는 그것에 익숙해요."
"그건 그렇게 나쁘지만은 않아요."
"어떻게 해야하는지 모르겠어요."
"저는 그렇게 하고 싶지 않아요."
"당신은 도움이 되지 않는군요."
"이건 도움이 되지 않아요."
"저는 시간이 없어요."
"저는 이걸 혼자 할 수 없어요."
"그건 제게 선택이 될 수 없어요."

"저는 그것을 해야하는 것인지 몰랐어요."

"저는 이미 그것을 시도해 봤어요."

"그 방법은 저한테 도움이 되지 않아요."

"그냥 전 그걸 하고 싶지 않아요."

"저한테는 선택이 없어요."

"저는 할 수 없어요."

"그건 '우리'가 문제를 해결하는 방식이 아니에요.(문화적 측면)"

8 요약

여기서는 반영적 진술의 긴 형식이 되는 *요약하기*에 대해서 논의한다 (Rosengren, 2009). 요약은 일반적으로 내담자와의 상담이 종결되거나 변화가 보증될 때 제공된다. 요약은 변화를 지향하는 쪽으로의 양가감정의 측면에 중점을 두고 내담자가 선택에 관련해서 만드는 다양한 메시지를 종합한다.

연습 5.5 변화 진술

연습 안내: 다음 대화를 읽고 아래 제시된 질문에 답하라.

래리는 6개월 전 세 번의 음주 운전으로 운전 면허를 취소당한 27세 백인 남성이다. 그는 면허를 재취득하기 위해 약물남용 프로그램을 완수해야 한다. 그는 프로그램에 참여한 처음 두 번은 술을 계속 마셨으며, 필수적으로 참여해야 하는 주간 AA 회의에 참석하기를 거부했다. 이 상담 회기는 기관이 래리의 사례를 종결하기 전 래리에게 프로그램 요구 사항을 준수 할 수 있도록 독려하는 마지막 기회다. 래리는 치료 시설에서 상담에 참여했으며, 단정한 옷차림으로 협조적으로 응하였다. 그는 다소 안절부절하고 끊임없이 손을 움켜 잡고 자리에 앉았다. 그는 또한 자신의 상황에 대해 말할 때 생각의 흐름을 유지하는 데 약간의 어려움을 보였고, "주의가 분산된다"고 언급하였다.

래리는 14세 때 마리화나를 사용하기 시작했고 16세부터 술을 마셨다고 했다. 그는 청소년기에 마약 및 음주와 관련된 여러 가지 문제로 체포되었으며 그 결과 소년 법정시설에서 시간을 보냈다. 그는 초등학교 때 주의력결핍 과잉행동장애(ADHD)로 진단 받았고 모든 교과목, 특히 수학에서 어려움을 겪었다. 그는 몇 년 동안 리탈린을 복용하였지만 더 이상 복용하지 않고 있다. 그는 고등학교 3학년때 자퇴를 하였는데, 학교에서 계속 어려움을 겪을 필요가 없다고 생각해서 마약을 취급하면서 큰 돈을 벌고 있었기 때문이다. 그는 마약 판매로 감옥에 가게 되었고, 형을 치르면서 검정고시를 통해 고등학교 학위를 획득했다.

래리는 현재 부동산 중개인으로 일하고 있다. 하지만 그가 운전을 할 수 없게 되면서 그의 사업은 타격을 받고 있다. 면허증을 되찾기 위해 프로그램을 완수할 동기가 있다고 생각되지만, 그는 한편으로 자신의 음주를 통제하는 법을 습득했고 자신의 정기적인 마리화나 사용에 문제가 없다고 생각한다. 그에게 음주를 "통제"하는 것에 대해서 물었을 때, 음주로 인한 면허 취소를 통해 자신의 문제를 인식하게 되었고 더 이상 법적인 문제에 휘말리고 싶지 않다고 말했다. 그는 이제 평일에는 "맥주 몇 잔"만 마시고, 주말에는 매일 밤 6팩의 맥주를 마신다. 그는 운전할 수도 없고 금전적으로 여유가 없기 때문에 더 이상 술집에서 술을 마시지 않는다. 최근 이동수단 문제로 인해 친구를 자주 만나지 못했다고 했다. 그가 알코올 사용을 문제가 아니라고 보는 또 다른 이유는 그의 친구들이 본인보다 술을 더 많이 마시는 경향이 있기 때문이라고 보고한다. 대신에 자신은 사교를 위해 술을 마시는 유형으로 인식한다.

요약을 하자면, 래리는 약물남용 프로그램에 참여해야 한다고 생각하지 않는다. 또한 이전에 프로그램에 참석한 몇 주에 관련해 인정을 받아야 한다고 생각하는데, 이로써 현재의 치료 요구가 단축될 수 있기 때문이다. 래리는 AA에 참여해야 하는 것에 불만을 표현하였는데, 자신은 "그들과 다른" 상황에 있다고 생각하기 때문이라고 했다. 그리고 "내가 운전할 수 없다면 이 모든 모임과 집단활동에 어떻게 참석해야 합니까?"라고 질문하였다.

래리는 2남 중 장남이다. 그의 부모는 그가 11살이었을 때 이혼하였고, 이는 가족을 재정적으로 힘들게 만들었다. 그는 어머니와 가까운 관계를 유지하고 있다. 래리는 그의 어머니를 가장 강한 지지원으로 생각하고 있으며, 종종 어머니에게 도움을 요청한다. 어머니가 자신의 운전 금지 상태를 불쌍히 여기고 때로는 그를 위해 운전을 해준다고 했다. 그녀는 면허증을 재취득할 수 있도록 래리가 치료를 받을 필요가 있다고 주장하지만, "어머니 역시 내게 문제가 있다고 생각하지 않는다"고 말한다. 래리는 아버지와 연락을 끊은 지 오래였으며, 동생과는 다소 어려운 관계이다. 래리와 동생은 함께 동업을 하였었는데 결과가 좋지 않았던 것 같으며, 래리는 동생에게 책임을 전가하였다. 래리의 부계 가족원(큰아버지와 할아버지)은 알코올 사용 장애의 병력이 있다.

래리는 현재 18개월 사귄 여자 친구와 3개월 된 딸과 함께 아파트에 살고 있다. 여자 친구와의 관계는 지난 6개월 동안 주요 스트레스원이었다. 그들은 약혼을 하였었지만, 래리가 "변심"하는 바람에 약혼을 깨뜨렸다. 그들은 여전히 함께 살고 있지만, 더 이상 대화를 하지 않으며, 래리는 여기서 오는 스트레스를 다루는 데 힘든 시간을 보내고 있다. 그는 자신의 불안정한 수입, 음주 및 마리화나 사용 문제, 이전 아내 사이에서 낳은 자녀에 관해 논쟁한다고 말한다. 래리는 여자 친구에게 폭력을 행사한 상황, 특히 음주를 한 경우에 발생한 이 문제에 대해서 굉장히 좌절감을 느낀다고 인정한다. 여자 친구는 경찰을 불렀고, 래리는 가정 폭력으로 두 번 체포되었다. 이 사건에 대해서 래리는 "나는 결코 그녀를 때리지 않았어요"라고 말한다.

▸ 단답형 질문

1. 래리가 평가에서 제시한 내용을 토대로 할 때, 그가 변화와 관련하여 언급한 진술에는 어떤 것들이 있는가?

   1)

   2)

   3)

    4)

    5)

2. 어떤 유형의 "저항"을 관찰할 수 있는가? 각 사례에 어떻게 응답할 수 있는가?
    1) "저항진술"

       사회복지사의 반응:

    2) "저항진술"

       사회복지사의 반응:

    3) "저항진술"

       사회복지사의 반응:

    4) "저항진술"

       사회복지사의 반응:

    5) "저항진술"

       사회복지사의 반응:

• 양면반영을 사용하는 이러한 각 방법에 대해 이 사례를 예로 제시하라.

• 래리의 행동과 그의 가치/목적 사이의 불협화음을 야기시키는 진술을 작성하라.

요약을 위한 지침

효과적인 요약은 내담자가 문제와 상황에 대한 자신의 관점을 명확하게 하고 변화를 위한 결정을 내리는 데 최적의 도움을 줄 것이다. 요약은 내담자의 관점에 대한 완전한 그림을 제공해야 하지만 변화의 측면이 강조되어야 한다. 즉, 요약은 행동과 관련하여 내담자가 갖는 문제와 관심사를 강조해야 한다. 이를 실현화하기 위해 당신은 특정한 상담 회기 중에 내담자가 말한 것에 전적으로 의존할 필요가 없다. 오히려 과거 상담 중에 수집한 정보, 즉 문제에 대한 당신의 전문적 지식과 연구, 법원 판결과 가족 구성원, 교사 등의 여러 출처를 고려할 수 있다. 내담자의 가치와 목표, 어떻게 현재의 행동이 이들과 조화되지 않는지가 논의의 일부가 되어야 한다. 내담자의 강점과 자원 또한 강조되어야 한다. 문제 행동에 대한 이전의 성공과 선택, 개인적인 자질과 지원, 문제에 대한 통찰력에 대해 모두 신중한 주의를 기울여야 한다.

요약은 내담자의 생각에 영향을 미칠 것이므로 변화를 권장하는 진술이 포함되어야 한다. 하지만 언제나처럼 사회복지사는 내담자를 이끄는 과정을 용이하게 하기 위해 내담자보다 약간 앞서 나가야 한다. 요약의 맨 마지막 부분은 다음 문구 중 하나로 결론을 내려야 한다.

"또 무엇을 고려해야 할까요?"
"추가하거나 수정하려는 것은 무엇입니까?"
"현재 무슨 생각을 하고 있나요?"
"다음 단계는 무엇인가요?"

내담자는 여기서부터 자유롭게 방향을 취할 수 있다. 그것은 변화에 대한 대화로 이어지거나 내담자가 여전히 양가감정을 가지고 있다는 것을 보여줄 수 있다. [사례 5.6]과 [사례 5.7]을 읽은 후 [연습 5.6]에서 예를 들어 요약을 연습할 수 있다. 그리고 [연습 5.7]에서 당신 자신의 예를 만들 수 있다.

23세 제대 군인인 로버트는 제대 군인을 위한 지원법(VA/GI Bill)을 통해 대학에 다니고 있지만 낮은 성적 때문에 제대 군인에게 지원되는 혜택을 상실할 위험에 처해있다.

사회복지인턴: 제가 지금까지 올바로 이해하고 있는지 살펴보도록 하겠습니다. 당신은 제대 군인 지원법에 따른 혜택으로 대학에서 공부하고 있습니다. 당신은 학사 학위를 마치고자 하는 동기가 아주 높습니다. 왜냐하면 당신이 학위를 돈을 잘 버는 직업, 그리고 자랑스러워 할 만한 직업을 얻는 방법으로 보고 있기 때문입니다. *(여기서 내담자의 목표가 강조된다)* 당신은 혜택을 받기 위해 특정 성적을 유지해야 한다는 것과 만약 최소한의 성적을 유지하지 못하면 혜택을 받지 못할 가능성이 있다는 것을 이미 알고 있습니다. 혜택을 받지 못하면 학비를 내기 어려우며 학교를 그만 둘 수 있다고 언급했습니다. 그것은 아마도 이후 인생에까지 당신이 원하는 직업을 가질 수 없다는 것을 의미할 수도 있습니다. *(행동의 몇 가지 단점을 명명하기)*

최근, 당신은 수업 과제를 하지 않았고 수업은 두 번 참석했습니다. 다른 학생들과 비교할 때, 토론 주제에 대해 더 잘 알지 못하고 자신의 입장을 표현할 수 없기 때문에 좌절감을 경험하고 있습니다. 이런 이유로 그룹 프로젝트에서 어려움을 겪고, 본인이 너무 많은 일을 맡은 것처럼 느끼기에 참여하고 싶지 않아 합니다. 당신이 대학에서 경험하는 또 다른 어려움은 학술 자료에 근거하라는 요구 사항입니다. 물론 이것에 습관이 들려면 꽤 시간이 걸립니다. 그리고 당신은 미래 직업과 관련이 없는 것으로 보이는 과제를 마음에 들어하지 않습니다. 그러나 동시에 학위 취득은 이 직업에 필수적이라는 것을 알고 있습니다. 이 모든 것을 경험하면서도, 교수님과 수업을 통해 많은 긍정적인 경험을 하고 있습니다. *(강점 확인하기)* 당신은 특히 당신의 독창적인 의견을 존중하고 당신의 관심사와 관련있는 개별적인 과제를 주는 교수님을 좋아합니다. *(강점 확인하기)* 당신은 당신이 선택한 상황에서 대학 수준의 과업을 수행할 수 있고, 현재 당신이 받고 있는 혜택을 더 이상 못받게 되는 위험에 처할 수도 있습니다. *(양면반영)* 당신이 이 말을 모두 들었을 때, 지금부터 어떤 일을 해야한다고 생각하나요?

사례 5.7 섭식장애를 가지고 있는 대학생을 위한 요약

니키는 그녀의 체중감소를 염려하는 기숙사 사감의 요구에 따라 대학 상담 센터에 왔다. 니키는 센터에 오는 것에 대해 "행복하지 않다"고 인정했지만, 그녀는 기숙사 사감을 좋아했고 그녀를 서운하게 하고 싶지 않다고 했다. 그녀가 첫 회기에 왔을 때, 눈에 띄게 쇠약하게 보였고 길고 큼직한 스웨터와 헐렁한 운동복을 입고 있었다. 인터뷰의 초기에 그녀는 굉장히 조심스러운 태도를 취했으며 질문에 대해서는 간결하게 몇 마디로 대답하였다. 그녀는 사회복지사가 "다른 사람들처럼 체중을 늘려야 한다고 말하지 않을 것"이라고 말했을 때, 담담하게 고통스런 주제에 관해서도 언급하기 시작했다.

니키는 고등학교 3학년 이전 여름에 체중 감량이 시작되었지만 체중에 대한 우려는 13세에 시작되었다고 말했다. 그 이전에는 그녀가 "마른 체형의 아이"였으며, 그녀는 그 체형을 유지하고 싶었다고 했다. 그녀는 자신이 성장하는 것을 원하지 않는다고 시인했고, 마른 체형을 유지하는 것이 이를 성취하는 방법이라고 생각했다. 그녀는 어린 소녀들의 체형(3~4세의 어린 소녀조차도)을 원했으며 그것이 멋지다고 생각했다고 말했다.

그 해 여름, 니키는 그녀가 살고 있는 중소도시에서는 고등학생을 위한 일자리가 없었기 때문에 지루하다고 했다. 체중을 감량하는 것은 그녀에게 "무언가 할 일"을 주었다. 매일, 그녀는 단 두 끼의 식사를 했고 줄넘기를 30분 동안 했다. 그녀는 매일 운동하지 않으면, 자신이 "뚱뚱하고" 역겹다는 느낌을 가졌다. 니키는 그 해 여름 이전에는 음식 섭취를 줄이려는 노력을 하지 않았다고 전했다. 동시에, 그녀는 14살 때부터 거의 매일 운동을 하고 몸무게를 쟀다고 말했다. 165cm 키에서 그녀는 47kg 이상 넘어간 적이 없었다. 니키는 그녀가 가끔씩 단 음식으로, 더 최근에는 땅콩 버터로 인해 그녀의 식사를 통제하지 못한다고 시인했다. 그녀는 앉은 자리에서 땅콩 버터 한 병을 다 먹을 수 있었다. 그녀는 이런 일이 "어쩌면 한 달에 한 번" 정도 있었다고

말하면서, 그 후에 덜 먹음으로써 그 행동을 보상할 수 있었다고 말했다. 그녀는 구토를 하지는 않았다. 또 고등학교를 졸업한 후 여름에 그녀에게 기분이 어떻냐고 물었더니, 대학에 갈 생각에 "지루하다"는 답변 외에, 그녀는 그 질문에 놀라면서 "기분이 어땠냐고요? 나는 아무 것도 느끼지 못해요."라고 답했다.

3개월 전 대학 진학 이후, 니키는 샐러드, 요구르트, 팝콘, 다이어트 콜라에 하루 2끼 밖에 먹지 않고 5kg 정도가 빠졌다. (현재 그녀는 40kg이 채 못나간다.) 그녀는 허기가 느껴지지 않으며 체중 감량이 쉽다고 말했다. 그녀는 또한 운동을 그만두었다.

니키는 7개월 동안 생리를 하지 않았고 머리카락이 빠진다고 말했다. 그녀는 월경을 하지 않는 것에 신경 쓰지 않았다. 왜냐하면 그녀는 그녀가 여성이라는 명백한 증거가 되는 생리를 하는 것을 싫어했기 때문이다. 그녀는 머리카락이 빠지는 문제에 신경이 쓰였다. 그녀는 머리카락이 너무 많이 빠져서 이틀에 한번 샤워를 했다. 그녀는 때때로 그녀의 심장 박동수가 느려졌다 빨라지는 것을 느꼈다고 말했다. 한편 이 문제는 그녀를 두렵게 했다. 다른 한편, 그녀는 때로는 "어쩌면 심장 마비로 죽을 것이고 모든 일은 끝날 것"이라고 생각하였다. 이러한 신체적인 문제에도 불구하고 그녀는 의사를 보러 가지 않았다. 니키는 본인이 너무 말랐다는 사실을 가리기 위해 헐렁한 옷을 입고 있음을 알았다. 그러나 체중 감소가 그녀의 기분을 바꾸는 데 도움을 주지 않을 것을 인식하면서, "스스로를 비만"이라고 느꼈다. 하지만 그녀는 더이상 정상적인 식사가 무엇인지 모르고 사람들이 체중을 늘리라고 압력을 가하면 당황해했다. 그녀는 키와 체중에 관한 기준에 대해 읽었다고 말하면서 살을 찌우라는 사람들에게 식욕 부진이 있다는 것을 부인하였다. 그녀는 그것을 인정할 수 없었다. 뚱뚱해지면 완전히 쓸모 없어지고 완전히 가치없는 존재가 될 것이라고 생각했다.

니키는 대학을 다니기 시작하면서 가족을 만나지 못했기 때문에, 부모님이 자신이 얼마나 살이 빠졌는지 알지 못한다고 말했다. 그녀의 체중이 많이 줄어들게 되면, 부모님은 학교에서 그녀를 데리고 나올 것이고, 가족과 다시 함께 살게 되면 조금은 나아질 것이라고 말했다. 니키는 부모님이 치료를 시간 낭비라고 생각한다고 했다.

샘플 요약:

사회복지인턴: 여기에 오는 것이 당신의 의지는 아니었네요. 그렇지만 용기있는 선택을 한 당신을 대단하게 생각합니다. *(칭찬하기)* 제가 당신에게 훈계를 늘어놓을 거라고 생각하셨지만, 저는 그러지 않을 것입니다. *(협력적 관계 구축하기; 이 조력자는 지시하지 않는다; 내담자에게 심리치료는 여타의 관계와 차이가 있다는 것을 교육하기)* 알다시피, 처음으로 대학에 가는 것은 두려울 수 있고 당신에게 익숙한 것과는 다를 수 있습니다. 그리고 많은 사람들은 전환기에 어려움을 겪을 수 있습니다. *(현재의 어려움 중 일부를 정상화하기)* 당신이 겪고 있는 일 중 일부는 당신을 두렵게 합니다. *(앞으로의 논의는 모두 섭식 장애가 갖는 단점에 대한 니키의 인식에 관한 것이다.)* 당신은 다른 사람들이 알아 차리기를 원하지 않기 때문에 헐렁한 옷을 입어서 당신이 얼마나 말랐는지를 가립니다. 당신은 매력적이고 싶은데, 탈모가 걱정이 됩니다. 심장 박동률은 체중 감량으로 인해 건강 상 문제가 있음을 나타낼 수 있습니다. 이 과정은 아마도 당신이 경험하는 스트레스와 고통을 줄이는 데 도움이 될 수 있는 새로운 방식을 찾는 의미있는 시간이 될 수 있습니다. 당신은 그것을 가능하게 하는 자원, 즉 동일한 문제로 어려움을 겪고 있는 다른 젊은 여성들을 위한 봉사를 할 자원을 가지게 될 것입니다. *(전환을 무섭고 어려운 것에서 자신을 찾을 수 있는 자원을 갖게 되는 새로운 성장의 기회로 재구조화하기)* 비록 지금은 어렵겠지만 당신은 계속 대학에 다니고 싶어하고 부모님이 당신을 돌보지 않기를 바랍니다. *(좀 더 독립적이고 성장하기를 원하는 양가감정의 일부분을 강화)* 왜냐하면 당신은 성공적으로 대학 생활을 하고 싶어 하고 당신이 어떤 직업을 원하는지 확인하고 싶어하기 때문입니다. 당신은 이미 스스로에게 도움이 될만한 것을 생각해 보았습니다. 그것은 음식과 식사가 강조되지 않으며 당신에게 무엇을 해야 할지 강요하지 않는 접근 방식일 수 있습니다. 여기서는 당신이 스스로의 삶을 위한 선택을 할 수 있습니다. *(자기효능감 창출하기)* 이 모든 것을 감안할 때, 다음 단계가 무엇이라고 생각하나요?

요약 구성하기

연습 안내: 래리의 사례를 다시 생각해보라([연습 5.5] 참조). 요약을 작성하는 방법에 대한 이해를 높이려면 다음의 질문에 답하라.
1. 강점과 자원을 확인하시오.
2. 가치와 목표를 확인하시오. 필요한 경우, 양면반영을 통해 현재 행동과 대조하시오.
3. 내담자가 현재 선택하고 있는 행동의 단점을 다루시오.
4. 다른 선택의 이점
5. 내담자의 동기를 강화하는 것이 무엇인지를 강조하시오.
6. 질문을 마무리하기

연습 5.7 내담자를 위한 요약을 만들기

연습 안내: 행동 변화에 관한 상담 회기를 가진 뒤, 그 내담자에 대한 요약을 작성하라.

목적	당신의 예
1. 강점과 자원을 확인하기	
2. 가치와 목표를 확인하기: 필요한 경우, 양면반영을 통한 현재 행동과 대조하기	
3. 내담자가 현재 선택하고 있는 행동에 대한 단점을 논의하기	
4. 다른 선택의 이점	
5. 내담자가 무엇에 동기 강화가 되는지 강조하기	
6. 질문 종결하기	

9 결론

이 장에서는 진술을 반영하고 내담자에게 제시하는 요약 모두에서 선택적이고 전략적인 강화를 사용한다는 점에서 동기강화상담을 다른 모델과 구분짓는다. 5장에서의 목적은 내담자의 변화 진술, 내담자의 진술을 확인하는 방법 및 변화를 향해 협력적으로 내담자의 진행을 촉진하는 방법에 대해 사회복지사의 민감성을 높이는 데 두었다.

CHAPTER

06

인정하기의 실천

• • •

CHAPTER

06 인정하기의 실천

밀 러^{Miller}와 롤닉^{Rollnick}(2012)에 따르면 내담자의 자기효능감은 자신이 변화를 위해 노력하여 성공할 수 있다는 자신감을 뜻한다. 동기강화상담은 내담자의 가치와 목표를 확인하고 탐색을 통하여 내담자의 자기효능감을 향상시키는 것을 목표로 한다. 이는 내담자의 가치와 목표가 내면의 힘과 동기의 원천이 되기 때문이다. 내담자가 스스로의 자신감을 어떻게 인식하는지를 평가하는 것과 어떻게 내담자의 자신감을 높일 수 있는지에 대한 논의 역시 이 장의 주제이다.

1 인정하기

내담자의 강점과 자원을 찾고 확인하는 인정하기는 동기강화상담의 핵심이다. 인정하기는 내담자의 변화과정을 강화하는 협동정신, 그리고 내담자의 노력을 칭찬하여 내담자 스스로가 변할 수 있다고 자신감을 부여하는 것과 밀접한 관계가 있다. 인정하기는 내담자에게 도움을 제공하는 전 과정에서 이루어진다. 앞서 논의된 로라의 사례를 기억하라. [연습 6.1]에서 당신은 내담자를 위해 어떤 방식으로 인정하기와 칭찬하기를 할 수 있는지 연습하게 될 것이다.

재구조화하기는 칭찬하기와 유사한 기법이다. 재구조화를 통해 사회복지사는 내담자에게 문제에 관한 새로운 시각을 제공한다(5장에서 재구조화는 내담자의 "저항"에 반응하는 하나의 방법으로 논의된 바 있다). 재구조화를 통해 내담자는 자신, 다른 사람들, 그들의 문제 또는 그들의 상황에 대한 어떤 측면을 새롭게 조명하게 된다.

예를 들어, 사회복지사들은 내담자들을 주로 삶 속에서 극심한 역경을 경험하고 있는 것으로 본다. 하지만 내담자는 "복합적인 문제"를 가진 존재보다 "생존자"로 간주될 수 있다. 또한 수차례 치료를 시도한 것 역시 재구조화될 수 있다. 사람들은 일반적으로 이를 "실패"라고 생각하지만, 재구조화의 관점에서 볼 때 이러한 경험은 무엇이 내담자에게 도움이 되었고 무엇이 그렇지 못했는지를 학습한 과정으로 구조화될 수 있다.

연습 6.1 인정하기 및 강점 기반의 질문하기

사회복지인턴: 무슨 일이 있었지요?

로라: 글쎄요, 저는 극심한 우울증과 자살 사고로 휴학을 했어요.

사회복지인턴: 이런 증상은 얼마나 오랫동안 지속되었죠?

로라: 학교에 간 후 바로 시작되었어요. 그리고 얼마 지나지 않아 병원에 가야만 했어요.

사회복지인턴: 어느 병원에 가서 얼마 동안 입원했었나요?

로라: 마운트 존스 병원에서 3일 동안 입원해 있었어요.

사회복지인턴: 그렇군요, 그러면 지금도 살고 싶지 않다는 생각이 드나요?

로라: 아니요.

사회복지인턴: 그렇다면 이런 생각들이 얼마나 심각했었나요? 자살을 계획하거나 시도한 적이 있나요?

로라: 아니요. 저는 자살을 계획하거나 시도한 적은 없어요. 그냥 살고 싶지 않다는 생각을 했어요.

사회복지인턴: 그래서 삶에 아무런 희망이 없다고 느꼈나요?

로라: 네. 그래요.

사회복지인턴: 당신의 증상에 관해서 말해 줄 수 있을까요?

로라: 저는 정말 기운이 없고 우울했어요. 할 수 있는 일이 많지 않았어요.

사회복지인턴: 잠은 잘 주무시나요?

로라: 네.

사회복지인턴: 식욕은 어떤가요?

로라: 많이 먹지는 못해요.

사회복지인턴: 체중이 줄거나 늘었나요?

로라: 병원에 있을 때부터 7kg정도 줄었어요.

사회복지인턴: 오, 상당하군요. 혹시 약물에 중독된 적이 있었나요?

로라: 아니요.

사회복지인턴: 정신질환 가족력이 있나요?

로라: 아니요.

사회복지인턴: 알았어요. 치료약으로는 무엇을 복용하고 있나요?

로라: 졸로프트를 복용하고 있어요.

사회복지인턴: 몇 그램을 복용하나요?

로라: 60mg이요.

사회복지인턴: 얼마나 오래 복용하셨나요?

로라: 약 3주쯤요.

사회복지인턴: 효과가 있나요?

로라: 효과가 있진 않았어요.

▸ 논의 질문

• 이 회기에서 칭찬할 점으로 무엇이 있는가? 구체적으로 설명해보라.

3 | 생리심리사회적 평가를 통한 강점과 자원을 유발하기

　많은 사회복지 전공자들은 자신이 일하는 기관이나 수업에서 생리심리사회적 평가를 수행하게 된다. 대개 기관에서 사용하는 초기면담 양식은 내담자의 질병이나 문제와 관련된 정보를 이끌어 내기 위해 고안되었다(예: "성적 학대를 당했습니까?"). 불행하게도, 많은 초기상담 양식은 로라의 사례(제 4장을 참조하라)에서 볼 수 있듯이 닫힌 질문 유형으로 구성되어 있다. 그러나 이는 내담자들이 자신의 이익을 위해 행동하고 강점을 이용하고 있음을 내포하는 표현으로 재구성하여 열린 질문으로 표현할 수 있다. 이를 통해 내담자의 자원이 유발된다. [연습 6.2]는 강점에 근거한 질문을 식별하도록 요구한다.

　밀러Miller와 롤닉Rollnick(2012) 역시 닫힌 질문으로 구성된 초기 면담 양식을 사용하는 것을 비판하면서, 이것이 내담자와의 대화 그리고 라포 형성에 가지는 기여도가 적다고 언급한다. 기관의 초기 면담과 관련하여, 밀러Miller와 롤닉Rollnick은 내담자에게 선택권을 제공할 것을 제안한다. "우리가 함께 작성해야 할 양식이 있습니다. 그렇기 때문에 우리는 이 질문들을 지금 먼저 답변해 볼 수 있고, 아니면 먼저 서로 대화를 하고 이후에 양식을 작성할 수 있습니다." 밀러Miller와 롤닉Rollnick은 내담자가 기관에 온 이유에 대해서 이야기를 할 때 사회복지사는 대개 양식에서 요구하는 질문 대부분에 답할 수 있게 된다고 언급한다. 버톨리노Bertolino와 오핸런O'Hanlon(2002)은 초기 면접 질문을 전환하여 내담자의 강점을 유발하는 대화를 이끄는 훌륭한 예를 [안내 6.1]에서 보여주고 있다. 기존의 초기 면접 양식을 변경하여 강점 기반의 상담이 되도록 하는 연습과 함께 강점 기반의 평가 예가 [사례 6.1]에 제시되어 있다(연습 6.3).

강점에 근거한 질문 식별하기

연습 안내: 다음 중 강점에 근거한 질문은 무엇인가?

1.

   A. 논쟁 중에 자녀가 무엇을 하고 있었는지 말해주십시오.

   B. 논쟁 중에 자녀는 어디 있었습니까?

   C. 논쟁 중에 어떻게 자녀를 안전하게 지켰습니까?

2.

   A. 어디서 일하고 싶은지 생각해 본 적이 있나요?

   B. 어디서 일하고 싶은가요?

   C. 본인이 무슨 일을 하고 있을 것이라고 생각하나요?

3.

   A. 건강 상태는 어떠한가요?

   B. 당신의 건강에 대해 말해주세요.

   C. 건강 관리를 위해서 무엇을 합니까?

4.

   A. 약물 복용을 관리하는데 어떤 문제가 있습니까?

   B. 당신은 어떻게 약물 복용을 관리하나요?

5.

   A. 당신이 일을 한다면 누가 당신의 아이를 돌보게 될까요?

   B. 당신이 근무하는 동안 당신의 아이를 위한 계획은 무엇인가요?

   C. 당신이 일하는 동안 어떻게 아이를 돌볼지 계획하고 있나요?

6.

   A. 당신의 딸이 우리가 함께 모여 성취하기를 바라는 것이 무엇이라고 생각합니까?

   B. 이번 상담의 결과로 당신의 딸이 어떻게 변화하기를 원하나요?

   C. 당신의 딸이 왜 당신에게 나와 만날 것을 요청했다고 생각하나요?

7.

   A. 당신이 소속해 있는 단체나 조직에 대해서 말해주세요.

   B. 이곳에 당신이 소속해 있는 단체나 조직이 있나요?

   C. 이곳에 관심이 있는 단체나 조직이 무엇인가요?

현재의 문제 행동과 관련하여 내담자에 대해 강점 중심의 질문을 할 수 있다(안내 6.2). 답변 작성을 통해 내담자는 자신감을 기르는 능력, 성공 및 지원을 경험할 수 있다. 이는 또한 내담자가 변화를 위한 계획을 고려하도록 도울 수 있다.

안내 6.1 강점 기반의 생리심리사회영성적 평가

생리적	
주제	질문
건강	• 당신은 건강 관리를 위해 무엇을 합니까?
약물 복용 (적용 가능한 경우)	• 당신이 복용하는 치료약이 어떻게 도움이 되었나요? • 효과를 보기 위해 당신은 약물 복용을 어떻게 했나요?
심리적	
대처 (문제를 제시하며)	• 당신의 대처 방식에 대해서 말해 주세요. • 당신은 어떤 도움이 되는 일들을 하나요? • 당신이 의지하는 지지 체계에는 무엇이 있습니까? • 이 상황에서 당신은 어떤 개인적 자질을 사용하나요? • 다른 사람들은 당신이 대처를 하는데 도움이 되는 어

	떤 행동을 한다고 말하나요?
약물남용 (해당되는 경우)	• 당신은 어떻게 술을 끊거나 섭취량을 줄일 수 있었나요? (현재 또는 과거)? • 누가, 어떻게 당신을 도왔습니까? 그들이 어떤 방식으로 당신을 다시 도울 수 있을까요? • 이 경험을 통해 당신은 무엇을 배웠나요?
자살 위험	• 과거에 자살 충동을 느낀 적이 있다면, 어떻게 이길 수 있었나요? • 자살 충동을 느낄 때 무엇이 도움이 되었나요? • 조금이라도 나아지기 위해서는 현재 무엇을 할 수 있을까요? (현재 자살 충동을 경험하고 있다면)
사회적	
비공식	• 당신의 가족, 친구 또는 이웃들에게 당신은 어떤 지지를 받고 있나요?
사회적 지지	• 당신은 종교 활동을 하나요? 그곳에서 어떤 지원을 받고 있나요?
이전 서비스 경험	• 당신이 이전에 받은 전문적 도움 중에 어떤 것이 효과가 있었나요? • 이전에 사용한 서비스 중에 도움이 되지 않은 것은 무엇인가요?
직업	• 당신은 이력서와 면접에서 어떻게 자신을 소개했습니까? • 직장에서 당신이 자랑스럽게 여겨진 최근 상황, 또는 마음에 떠오르는 상황을 생각해보세요. • 직업과 관련된 당신의 목표는 무엇인가요?
육아 (해당되는 경우)	• 부모로서 당신이 발전시킨 성품, 행동, 신념, 지지 체계들에는 무엇이 있나요? • 무엇이 당신으로 하여금 부모님과 다르게 행동하도록 결정하게 했나요?
학업	• 당신은 어떻게 학업을 마무리할 수 있었습니까(6학년, 고등학교, 전문 대학, 4년제 대학, 대학원 등)?

강점 기반의 생리심리사회적 평가

급성 정신병 문제를 겪고 있는 성인을 위한 주거 프로그램인 위기 안정 프로 그램에서 다음과 같은 평가가 수행되었다. 나타샤는 조현병으로 진단받은 34세의 독신 흑인 여성이다. 나타샤의 환청에는 "집으로 돌아가는 것"에서부 터 "칼을 사용해서 손목을 자해하는 것"과 같은 보다 심각한 환청에 이르기 까지 다양한 것들이 있다. 나타샤는 옷장에서 눈을 봤다는 시각적인 환각을 보고했다. 나타샤는 정신병으로 인해 10번 이상 입원했다.

생리적

나타샤는 "빨래하고, 먹고, 산책하고, 운동하고, 윗몸 일으키기를 하고, 치 료약을 복용함으로써 자신을 돌보았다"고 전했다. 나타샤는 침대 정리, 목 욕, 식사 준비 및 옷 세탁과 같은 일상적인 작업을 수행할 수 있다. 나타샤 는 약이 도움이 되는지에 대한 질문에 환청을 줄이는 데는 도움이 되지 못 했다고 설명했다. 나는 나타샤에게 이 프로그램을 하는 동안 이에 대해 의사 와 이야기 할 것을 권유했다.

나타샤는 정신질환 외에도 고혈압, 고콜레스테롤 및 제2형 당뇨병과 같은 다양한 건강 문제로 고생하고 있다. 나타샤는 고혈압과 고콜레스테롤 치료제 를 복용하고 있으며, 혈당 조절을 위해 인슐린 주사를 맞고 있다. 나타샤의 항정신성 및 의학적 치료제 모두는 나타샤의 어머니가 아주 철저히 관리하고 있다. 그녀의 어머니는 그녀를 위해 약을 보관하고 인슐린 주사를 놓아준다. 나타샤는 건강 문제가 완화될 수 있도록 적극적으로 건강을 관리하고 있다. 그녀는 과일, 야채를 더 많이 섭취하면서 하루에 세 끼를 건강식으로 먹고 의 식적으로 설탕 섭취를 관리하려 노력한다고 말했다. 나타샤는 운동을 위해 걷기와 조깅을 하고 복부 운동을 한다고 했다. 그리고 꾸준하게 운동하기 위해 노력한다고 했다. 하지만 병원에 입원해 있는 경우에 꾸준히 운동을 하 는 것이 오히려 더 어려운 경우가 있다고 했다. 나타샤는 운동과 건강식을 통해 언젠가 고혈압과 고콜레스테롤 문제가 해결되기를 희망한다.

심리학적

나타샤가 정신과 치료 시설에 있지 않을 때 가장 많이 사용하는 대처 기술은 "약물 치료, 산책, 운동, 집에서 나가 있기, 스스로를 바쁘게 만들기"라고 했다. 나타샤는 과거 또는 현재에 약물남용 문제가 없다고 한다. 나타샤는 현재까지 자살 사고를 보고하지 않았으며 자살 사고와 관련된 의미있는 병력을 가지고 있지 않다. 그러나 병원 입원 기간이 끝나갈 무렵, 그녀는 사례관리자에게 자신의 조현병을 치료하는 것보다 자살하는 것이 더 쉬운 일이라고 말했다. 그녀의 사례관리자는 나타샤의 말에 대해서 잠깐의 자살 사고일 뿐이고 나타샤가 자신의 감정을 제대로 전달할 수 있을 때에 이 문제가 사라질 것이라고 했다.

나타샤는 평가 과정에서 많은 취미를 열거할 수 있었다. 그녀의 취미는 외식과 영화 감상, 사람들과의 대화, 쇼핑, 친구 및 가족과 어울리는 것이다. 강점과 능력에 대해 물었을 때, 나타샤는 "호흡법과 긍정적인 확신과 같은 대처 기술을 사용하여 스트레스를 잘 처리하고 스스로를 돌본다"고 말했다. 나타샤는 일기를 쓰고 있다고 설명했으며, 일기에는 우울한 기분이나 스트레스를 받을 때 읽어 볼 수 있는 긍정적인 자기 확신에 대해서 기록해 놓았다고 했다. 나타샤는 평가 과정 중에 그녀의 일기를 실제로 가지고 와서 보여 주었는데, 거기에는 "나는 스트레스를 관리할 수 있다", "나는 정신병이 아니다", "내 가족들은 나를 도와준다", "나는 목표로 하는 일을 할 수 있다"는 긍정적인 확신의 내용이 포함되어 있었다. 나타샤는 매일 샤워하고, 약을 복용하고, 운동을 하고, 건강하게 식사함으로써 자신을 돌보았다고 보고했다. 나타샤는 또한 요리, 제빵, 친구 사귀기에 자신이 있다고 했다.

사회적

비공식적 사회적 지지

나타샤의 가장 강력한 사회적 지지원은 어머니와 아버지이다. 나타샤는 어머니와 함께 살고 있으며 어머니에게 주택, 음식, 의복과 같은 기본적인 필요뿐만 아니라 정서적인 지원 역시 얻고 있다. 나타샤의 아버지는 다른 주에 살고 있지만, 그녀는 여전히 매일 아버지와 통화한다고 있다고 했다. 내가 나타샤에게 다른 사람들이 그녀를 어떻게 도왔는지를 물었을 때, 그녀는 정신 건강이 쇠퇴하기 시작했을 때부터 그녀의 어머니가 항상 그녀와 함께 있었다고 했다. 나타샤는 그녀 스스로가 병원 입원의 필요성을 깨닫지 못해도, 그녀의 어머니가 언제 병원에 가야 하는지를 언제나 알고 있다고 했다. 나는 나타샤에게 관계에 문제가 있었는지에 대해서도 물었다. 그녀는 이전 남자 친구와의 관계가 매우 어려웠다고 했는데, 왜냐하면 늘 "아무것도 아닌 일들"을 놓고 싸웠기 때문이라고 했다. 나타샤는 자기가 약물을 복용하지 않았는데, 이것이 그와의 관계에서 문제가 되었다고 생각한다고 했다.

공식적 사회적 지지

나타샤는 24세에 처음으로 병원에 비자발적으로 입원하게 된 후 정신건강 서비스를 받기 시작했다고 했다. 서비스를 받으면서 무엇이 도움이 되었는지에 대해서 나타샤는 정신 건강이 나빠지기 시작해서 환청을 낮추기 위해 약물 치료를 사용하였을 때에 그것이 안정을 회복하는데 도움이 되었다고 설명했다. 나타샤는 이 시점에서는 약물 치료가 도움이 되지 않는 것으로 보고한다.

트라우마

어떤 종류의 트라우마를 경험했는지 묻는 질문에 그녀는 20대에 나이든 친척에 의해 강간을 당하고 신체적으로 폭행을 당했다고 보고했다. 나타샤는 신체적 상해를 치료하기 위해 며칠간 병원에 입원했었다고 말했다. 나타샤는 정서적으로 트라우마적인 사건에 여전히 영향을 받고 있다고 보고했다. 그녀는 오랫동안 알고 있었고 가족이라고 하더라도 남성을 신뢰하는 데에는 오랜 시간이 걸린다고 했다. 나타샤는 경찰에 신고를 했고, 가해자는 체포되어 수감되었다. 나는 나타샤에게 어떻게 그녀가 이렇게 힘든 상황을 견뎌낼 수 있었는지 물었다. 나타샤는 어머니에게 의지하여 힘을 얻을 수 있다고 했다. 그녀의 어머니가 "모든 순간"에 자신을 위해 함께 해주었고 그녀가 필요로 할 때 늘 그녀를 떠나지 않았다고 설명했다.

직업

나타샤는 그녀의 유일한 직업은 3년 동안 패스트푸드 레스토랑에 일한 것이라고 보고했다. 나타샤는 그녀의 업무윤리(자주 늦었다고 한다)가 최고는 아니었지만, 해고당하지는 않았다고 했다. 나타샤는 만성적으로 지각했지만 자신의 일에 능숙하고 지식이 풍부했다고 말했다. 나타샤는 조현병 증상을 처음 경험한 이래로 10년 동안 직업이 없는 상태였지만, 취업을 원하고 있었다. 근래에 들어 지속적으로 입원을 하게 되기 전, 구직에 도움을 받기 위해 재활서비스국의 도움을 받기로 예약되어 있었다고 했다. 우리 프로그램에서 그녀의 목표 중 하나는 재활서비스국과의 약속을 다시 잡는 것이다.

육아

나타샤는 현재 슬하에 자녀가 없으며 앞으로도 자녀 계획을 가지고 있지 않다.

교육

나타샤는 고등학교 2학년 때 학교를 그만 두었다. 그렇지만 이를 둘러싼 상황에 대해서는 설명하지 않았다. 나타샤는 어떤 개인적 자질이 학교 생활을 하는 데 도움이 되었는지에 대해서 성실함과 인내심, 끈기가 도왔다고 했다. 나타샤는 또한 이 시간 동안 어머니가 지지를 많이 해주었다고 언급했다.

영성

영성과 종교에 관해 물었을 때 나타샤는 자신은 종교 생활을 적극적으로 하고 있지 않지만 가족들은 매우 종교적이라고 했다. 나타샤는 종교보다는 정신 건강 치료와 치료를 통해 배우는 대처 기술에 의존한다고 말했다. 그러나 그녀는 때때로 기도를 한다고 했다.

요약: 평가

강점에 기반한 평가는 사회복지사가 내담자를 정신병으로 정의하는 것이 아니라 취미, 강점, 목표 및 능력을 가진 사람으로 바라보게 한다. 나타샤는 조현병을 가지고 있지만 매일 강점을 활용하고 있다. 그녀의 어머니는 그녀의 지지 체계에서 큰 부분을 차지하고 있으며, 여러 가지 기능적으로 도움을 준다. 그녀와 자주 연락하는 아버지 역시 도움이 된다. 나타샤는 일기 쓰기 및 자기 확신 등과 같은 치료에서 배운 여러 가지 전략들을 적극적으로 활용한다. 이전에 겪은 트라우마 그리고 아직까지 앓고 있는 조현병에도 불구하고 나타샤는 도움을 요청하고 자신의 기본적인 필요를 돌보며, 계속해서 그녀의 관심과 취미 활동을 하는 등 많은 강점을 가지고 있다.

　나타샤는 자신의 강점을 일부 인지하고 있었지만, 이번 상담을 통해 다른 자원 또한 확인할 수 있었고 새롭게 확인한 강점을 인식하게 되었다.

연습 6.3 초기상담 질문을 전환하기

연습 안내: 사회복지사는 개인 상담을 넘어서, 프로그램 기획 및 정책 문제에 관심을 기울인다. 당신의 기관이 전형적인 초기 상담이나 생리심리사회적 평가 양식을 가지고 있다면, 문제와 강점 사이에 보다 균형 있는 평가가 가능하도록 어떤 문항을 추가하거나 삭제하고 수정할 것인지 고려하라. 당신의 슈퍼바이저와 함께 내담자에게 새로운 방식으로 구성된 질문을 사용하는 것에 대한 근거를 논의하라.

안내 6.2 내담자가 성공을 지향하도록 돕는 방법

전략	질문
지난 성공을 돌아보기	• 당신의 인생에서 무언가를 하기 위해 결심을 한 적은 언제입니까? 그리고 그것을 실천했습니까? 그것은 당신이 배운 새로운 것, 당신이 그만 둔 습관, 또는 당신의 인생에서 스스로 만든 다른 중대한 변화일 수 있습니다. • 당신은 그 일을 성공시키기 위해 무엇을 했습니까? • 변화를 위한 구체적인 준비가 있었습니까? • 변화를 시작하고 유지하기 위해 당신은 무엇을 했습니까? • 어떤 방해물이 있었고, 어떻게 그 방해물을 극복했습니까?

	• 당신은 성공을 위해 어떤 노력을 했습니까? • 당시의 자원, 기술 및 강점에 있어 성공이 의미하는 바는 무엇입니까?
개인 강점	• 이 변화를 성공시키는 데 도움이 될 수 있는 강점은 무엇입니까? • 당신이 겪은 모든 일들을 어떻게 관리했습니까?
개인적 지지	• 어떤 사회적 지지를 받고 있습니까? • 다른 사람들에게 도움을 요청할 수 있습니까? 어떤 면에서? 누가 변화를 도울 수 있습니까?

4 내담자의 가치와 목적

여기서는 내담자의 핵심 강점으로 그 사람의 가치와 목적에 대해 논의하고자 한다(Peterson & Sligman, 2004). 실제로, 내담자가 중요하게 생각하는 가치와 목표에 관한 내용을 초기 상담에 포함하지 않을 이유는 없다. 동기강화상담에서 이들은 양면반영의 형태로 탐색되고 현재의 행동과 대조된다. 결과적으로 발생하는 내부 부조화는 내담자가 불편감을 해소하도록 한다.

당신은 직접 가치에 대해 물어볼 수 있다("당신에게 중요한 것은 무엇입니까?", "당신 인생에서 중요한 것은 무엇입니까?"). 대안적으로 밀러Miller와 롤닉Rollnick은 내담자의 가치를 확인하는 활동에 대한 논의를 하였고, 자신들이 개발한 동기강화상담을 위한 웹 사이트(http://www.motivationalinterviewing.org/content/personal-values-card-sort)에서 이 자료를 공유하고 있다. 각각 다른 가치를 적어놓은 카드를 다운로드하고 이를 잘라 놓으면 내담자가 우선순위로 분류할 수 있다. 카드 분류 활동을 집단 상담에서 사용하는 것을 고려해 보라. 집단 상담에서도 약물 남용, 범죄, 부부 및 연인 간에 발생하는 폭력 가해자 또는 희생자, 또는 정신 건강 문제 관리 등과 관련하여 변화를 위한 동기 강화가 동등하게 잘 이루어진다. 또한 가치의 확인은 중요할 수 있다. 이는 때때로 문제 행동이 자유와 소속과 같은 특정 가치를 이끌어 내는 방법으로 작용하기 때문이다. 일례로, 집단 상담의 형태로 범죄 경력이 있는 청소년 내담자와 카드 분류 활동을 수행한 적이 있다. 그들은 우선적인 가치를 확인하였고 다른 가치들에 대한 순위를 매겼다. 가치를 강화하기 위해 나는 그들에게 문제가 발생하지 않는 방식으로 최고의 가치를 수행하도록 요청하였다. 예를 들어, "사랑"이 최우선 사항이었을 때 여자 친구와 보내는 시간을 포함시켰다. "흥분"이 그들이 지명한 가치라면 친구들과 운동을 하거나 경기를 보는 것을 포함했고, 돈을 버는 것에 가치를 두는 경우 직장을 구하는 것을 포함했다. 이 과정을 통해 그들의 문제와 관련이 있는 필수적인 가치가 친사회적인 방식으로 어떻게 실천될 수 있는지 이해할 수 있었다.

가치에는 종종 문화적 요소가 포함된다. 하다드[Haddad]와 동료들(2013)은 남성 아랍계 미국인 무슬림들을 대상으로 동기강화상담을 활용한 금연 프로그램을 개발하였다. 이들의 문화에서는 남자들이 담배를 피우는 것은 남자다움의 상징이자, 다른 남성들과 사회적 관계를 맺는 한 방식으로 받아들여졌다. 그러나 가족 우선이라는 또 다른 가치는 금연할 것을 촉구하는데, 가정으로 가야 할 돈이 담배 구입에 과도하게 쓰이기도 하고, 간접 흡연이 아이들의 건강에 해롭기 때문이다. 이는 특정 문화적 가치가 변화를 가로막는 장애물이 될 수도, 또 변화를 창출하는 기반이 될 수도 있다는 것을 보여주는 예시이다.

안내 6.3   예: 양면반영을 통해 불일치감 창출하기

- "당신의 자녀는 당신에게 가장 중요합니다. 그리고 당신은 당신에게 폭력을 행사하는 배우자와 함께 사는 결과에 대해 걱정하고 있습니다."
- "당신은 언젠가 교사가 될 것을 꿈꾸고 있습니다. 그리고 당신의 현재 행동들은 당신의 꿈을 이루는 데 도움이 되지 않습니다."
- "당신은 자녀가 행복하고 생산적인 성인이 되기를 원하는데, 당신이 마약을 사용하는 것은 자녀들이 마약을 사용하는 것이 허용되는 일이라고 생

각하게 합니다."

- "당신은 딸의 좋은 역할 모델이 되기를 원합니다. 그리고 당신은 딸이 당신의 불안을 닮아가는 것을 원하지 않습니다."

5 변화에 대한 자신감 쌓기

자기효능감을 개발시키는 마지막 방법은 변화에 대한 내담자의 확신을 강화하는 것이다. 가장 기본적인 수준에서 동기강화상담은 사회복지사가 제공하는 비판단적인 수용과 지지적인 태도를 통해 이를 달성한다. 사람들은 일반적으로 수용과 격려를 받았다고 느낄 때, 자신과 그들이 할 수 있는 일에 대해 자신감을 갖게 된다. 또 다른 방법은 사람들의 강점, 과거의 성공 및 그들에게 유용한 지원을 이끌어내는 것이다. 변화에 대한 낙관론을 불러 일으키는 일련의 질문은 [안내 6.4]에 제시되어 있으며 사법 체계와 관계된 내담자 예는 [사례 6.2]에 제시되어 있다.

안내 6.4 변화에 대한 긍정적 관점(자기효능감)

- 변화를 결정했다면 그렇게 할 수 있다고 생각하는 이유는 무엇입니까?
- 당신이 원한다면 당신이 변할 수 있다고 생각하게 하는 것은 무엇입니까?
- 변화하기로 결정했다면 무엇이 가능할 것이라고 생각합니까?
- 당신의 인생에서 다른 중요한 변화를 일으킨 때는 언제입니까?
- 어떻게 변화가 가능했습니까?
- 이런 변화를 할 수 있다고 얼마나 확신하나요?
- 당신이 성공하는데 도움이 될 개인적인 강점은 무엇입니까?
- 이 변화에 도움을 줄 수 있는 사람은 누구인가요?

변화에 대한 긍정적인 관점을 격려하기 위한 질문을 적용하기

사회복지사: 리차드, 당신은 자유를 원하고, 부담을 주는 사람들로부터 벗어나고, 정규 학교에서 친구와 함께 어울리고 싶다고 말하고 있습니다. 이 일들을 실현하기 위해서 당신이 해야 할 일은 무엇입니까?

리차드: 저는 ALC(대안교육센터)에서 규칙을 따를 겁니다. 그래야만 그들이 약속한 것처럼 30일 내에 학교에 다시 돌아갈 수 있을 거예요.

사회복지사: 학교로 돌아가기 위해서 무엇이 당신이 해야 할 일, 예를 들어 ALC와 집에서 규칙을 따르는 것들을 할 수 있다고 생각하나요?

리차드: 저도 모르겠습니다. 저는 어리석은 일을 하기 전에 한번 더 생각할 필요가 있습니다.

사회복지사: 과거에 당신이 스스로 해야 할 일을 깨닫게 한 적을 생각해보십시오. 어떻게 그 일을 할 수 있었습니까?

리차드: 제가 규칙을 지키지 않았을 때 어떤 곤경에 빠지게 될지 미리 생각했어요.

사회복지사: 좋습니다. 이 문제를 도와줄 수 있는 사람이 ALC에 있습니까?

리차드: 무슨 말이지요? 교사 같은 사람을 말씀하시나요?

사회복지사: 네, 선생님이나 혹은 당신이 속한 반에 있는 친구들이지요.

리차드: 음, 우리 반에 욜란다라는 여학생이 있어요. 그녀도 반 애들이랑 그렇게 잘 어울리는 편은 아닌데 저하고는 꽤 잘 지내요. 하지만 제가 뭔가를 하기 전에 어떻게 그 친구가 저를 막을 수 있는지 잘 모르겠습니다.

---

6 결론

이 장에서는 동기강화상담의 두 가지 중요한 원칙, 즉, 강점을 인정하고 내담자의 자기효능감을 향상하기에 대해 논의하였다. 후자는 내담자를 인정하기와 칭찬하기, 내담자가 목표를 명확히 하도록 돕기, 그리고 스스로가 원

하는 변화를 창출해 가는 데 있어서 내담자의 자신감을 고양하기라는 세 가지 특정한 방법으로 달성된다. 내담자의 자기효능감은 내담자가 스스로의 변화를 창출할 수 있다는 것을 믿는데 영향을 미치며 내담자가 변화 계획을 수립하는데 필수적인 요소가 된다.

CHAPTER

07

양가감정 탐색하기

· · ·

CHAPTER

07　양가감정 탐색하기

동기강화상담의 핵심이 되는 전제는 양가감정의 개념이다. 내담자는 동시에 상반되는 입장(현재 상태에서 변화하겠다는 입장과 그 상태를 유지하겠다는 입장)에서 이야기하는 경향이 있다(예: "나는 그 사람을 떠나야 한다는 것을 잘 알고 있지만, 혼자가 되어 외로운 것도 싫어요."). 한 쪽 입장을 말하다 보면 자동적으로 반대 입장을 생각하게 된다. 이 때문에 우리는 양쪽 입장에서 왔다갔다 생각하느라 아무런 행동을 취하지 못하게 된다. 사회복지사가 공감적인 안내자로 내담자와 함께 할 때, 그 내담자는 양가감정의 모든 측면을 탐색하면서 동기와 방해물에 대한 명확한 이해를 얻게 된다.

"결정저울", 즉 내담자가 문제 행동과 변화의 장점과 단점에 대해 토론하는 기법은 밀러Miller와 롤닉Rollnick의 초판(1991, 2002)에서 동기강화상담의 핵심으로 소개되었다. 그러나 2012년판에서 저자들은 동기강화상담이 감정과 경험에 대한 충분한 탐색과 공감이 부족한 채로 진행될 것을 우려하여 결정저울에 대한 강조를 완화하게 되었다.

이 책은 실천가가 변화 행동에 관련되는 복잡하고 어려운 이슈에 직면할 의지를 가지고 결정저울을 수행하는 한 이 기법이 내담자의 양가감정을 논하는 기초적인 틀을 제공한다는 웨스트라Westra(2012)의 입장을 취한다.

117

1 | 문제 행동은 어떤 필요를 충족시키는가?

밀러Miller와 롤닉Rollnick(2012)은 최근에 들어 내담자에게 자신의 현재 행동에 대한 장점을 묻거나, 그로 인해 얻게 되는 이익을 따져보는 방식에 대해 우려를 표하고 있는데, 왜냐하면 이는 내담자의 현상유지를 강화할 수 있기 때문이다. 그러나 이 책은 웨스트라Westra(2012)와 동일한 입장을 견지하고 "행동의 장점들"에 대해 묻는 것이 몇 가지 중요한 기능을 수행한다는 입장을 취한다. 첫째, 그것은 내담자가 자율성을 상실한다는 위협을 받을 때 느끼게 되는 방어적인 태도를 무장 해제시킨다. 사람들은 자신의 행동에 대해 평가받기를 기대하고 있으며, 행동에 대한 보상에 대해 이야기해 볼 것을 격려받으면 당황해 하면서도 기뻐한다. 사람들은 문제 행동이 겉으로 볼 때는 비합리적이고 또한 실제적으로 파괴적일지라도, 그 행동이 유지되기 위해서는 문제 행동이 어떤 핵심적인 목적을 제공한다는 사실에 대해서 인정한다. 의도는 재구성될 수 있다: "당신의 주된 목표는 삶에서 맞닥뜨리는 문제들을 준비하는 것이다. 이에 대해 당신이 선택한 방법은 걱정하는 것이다." 그러므로 "장점에 대해서 질문하기"는 내담자가 보다 이해받고 있다고 느끼도록 도우며, 동시에 내담자와 사회복지사 모두 문제 행동이 충족시키는 내담자의 필요가 무엇인지 이해할 수 있게 돕는다.

사회복지 실천에서 이루어지는 내담자에 대한 생리심리사회영성적 평가에 부합하는 방식으로 행동의 장점을 평가하는 것은 다음의 방법으로 개념화될 수 있다. [사례 7.1]과 [사례 7.2]는 생리심리사회적인 용어로 현상을 유지하는 것의 장점을 탐색하는 방법을 제시하고 있다.

"씹는" 담배의 장점을 논하는 대화

제이미는 29세 백인 남성으로 전문대학 2학년 학생이다. 그는 2년간 사귄 여자친구와 동거 중이다. 그는 기관에 자발적으로 방문하였다. 이 기관은 제대군인 학생들을 위한 혜택 서비스를 제공하는 센터이다. 그의 핵심 이슈는 씹는 담배를 사용하는 행동을 변화시키고 싶다는 것이다.

사회복지인턴: 안녕하세요? 당신은 담배를 끊는 것에 대해서 좀 더 이야기하고 싶다고 하였지요?

제이미: 아, 네, 그렇습니다.

사회복지인턴: 처음 담배를 피우기 시작했을 때에 대해서 말해보겠어요?

제이미: 처음에는 흡연으로 시작했어요. 제가 입대했을 때 거기서는 다른 할 일이 전혀 없었어요. 그리고 우리 부대 사람들은 모두 담배를 피웠고요. 그래서 저도 담배를 피우기 시작했어요.

사회복지인턴: 당신은 다른 할 게 없어서 흡연을 시작했고, 또 그 행동은 다른 사람들과 어울리는 방법이었군요.

제이미: 네. 담배를 피우는 다른 제대 군인들에게 물어보세요. 그 사람들 모두 파병되었을 때 배웠다고 할거예요.

사회복지인턴: 씹는 담배 사용은 어떻게 시작하게 되었나요?

제이미: 담배를 피우려면 사무실 밖으로 나가야 해요. 그리고 흡연지정 장소에 가야만 하거든요. 게다가 저는 연방정부 기관에서 일을 하고 싶었어요. 그런데 그들이 흡연을 연방정책에 반하는 것으로 보고 있잖아요.

사회복지인턴: 그래서 씹는 담배를 더 나은 선택으로 보았군요. 왜냐하면 당신은 여전히 담배의 효과를 볼 수 있고 향후 당신의 직업에 피해를 주지 않으니까요.

제이미: 네.

사회복지인턴: 씹는 담배는 어떤 다른 장점을 가지나요?

제이미: 씹는 담배는 스트레스 완화에 큰 역할을 하죠. 저는 하루종일 씹는 담배를 사용해요. 긴장을 풀어주어야 할 때 정말 쉬운 방법이죠.

사회복지인턴: 당신은 씹는 담배가 당신의 스트레스 완화에 도움이 된다는

것, 그리고 빠른 효과를 준다고 보는군요.

제이미: 네, 바로 그래요.

‣논의 질문

• 당신은 내담자와 이런 종류의 대화를 하는 것에 대해서 어떻게 생각하는가?

• 내담자가 지금 당장 담배를 끊는 것을 원하지 않는다고 가정할 때, 어떤 중개적인 또는 대안적인 목적에 내담자가 더 많은 동기를 보일 것이라 생각하는가?

| 사례 7.2 | 생리심리사회적 요인으로 정리한 "씹는" 담배의 장점 |

생리적 요인: 긴장 완화
심리적 요인: 무료할 때 시간 보내기, 스트레스 완화
사회적 요인: 흡연장소로 갈 필요가 없으므로 피는 담배보다 나음

어떤 사람들은 행동의 "좋은 점"에 대해 질문하는 것이 그것을 용인하는 것인지에 대해 궁금해한다. 대답은 "아니다"이다. 사람들에게 행동을 통해 무엇을 얻는지를 질문하는 것은 문제에 대한 이해를 촉진시킨다. 탐색의 한 방법으로, 당신은 대화를 마무리하는 시점에서 내담자에게 다른 대안적인 방법으로 이러한 필요를 충족하는 것에 관심이 있는지를 물어볼 수 있다. 비록 내담자들이 그 순간에 그 행동을 줄이거나 완화하는 것에 관심이 없다고 할

지라도 말이다. 단적인 예로, 사람들은 알코올을 섭취하는 것이 새로운 사람들을 만나고 다른 사람과 대화하는 데서 오는 긴장을 완화한다고 말한다. 이런 상황에서 사람들은 알코올 없이 다른 방법으로 사회적인 상황을 잘 다루는 방법을 탐색하는 것에 관심을 가질 수 있다. 이런 종류의 작은 목적을 설정하여 내담자는 조금이라도 나은 방향으로 나아갔다는 데 성취감을 느낄 수 있다. 그리고 때로는 거기서부터 다른 변화가 발생하기도 하며, 이것은 이후에 완전한 금주와 같은 보다 큰 목적으로 발전할 수 있다.

2 문제 행동의 단점

문제 행동의 단점에 대해 논의하는 것은 4장에서부터 시작한다. 4장에서 우리는 문제 인식을 위한 질문하기, 염려되는 점에 대해 질문하기, 극단적인 질문하기에 대해 다루었다([안내 7.1]을 참고하라). 내담자가 자신의 문제 행동을 통해 얻는 이점들을 이야기하는 과정에서 내담자들은 자발적으로 자신의 문제에 대해서 탐색하기 시작한다. 이에 더하여 당신은 "지금까지 우리는 '약물 중독, 치료약을 먹지 않는 것, 식사 후 음식물을 게워내기 등'이 주는 장점에 대해서 이야기해 보았습니다. 이제부터는 긍정적이지 않은 부분에 대해서 이야기해보기로 하지요."라고 말할 수 있다. 문제 행동의 장점에 대해 탐색하는 것과 마찬가지로 당신은 생리심리사회영성적 관점으로 행동의 단점을 논의할 수 있다. 이 관점은 아랍계 미국인 남성이 담배를 피우는 것에 대한 문제와 관련하여 [안내 7.2]에 제시되고 있다.

| 안내 7.1 | 자기동기화 진술을 유발하는 질문 |

현상유지의 단점	질문 예
문제 인식	• 어떤 이유로 당신은 이것이 문제라고 생각하나요? • 당신의 문제와 관련하여 어떤 어려움에 봉착하였나요? • 당신의 문제로 인해서 당신과 다른 사람들이 어떤 방식으로 피해를 보았나요? • 어떤 방식으로 이것이 당신에게 문제가 되었나요? • 당신의 문제가 어떻게 당신이 하고 싶은 것을 못하게 하였나요?
염려	• 당신의 문제와 관련하여 당신 또는 다른 사람들이 어떤 우려를 할 수 있을까요? • 당신의 문제와 관련하여 당신을 걱정시키는 것은 무엇인가요? 어떤 일이 발생할 것이라고 생각해볼 수 있나요? • 당신의 문제에 대해서 어떻게 느끼나요? • 그 문제는 당신을 얼마나 염려하도록 하나요? • 이 문제는 어떤 방식으로 당신을 염려하도록 하나요? • 만약 변화하지 않는다면 당신에게 어떤 일이 발생할까요?
극단적인 상황에 대한 질문	• 이 문제와 관련해서 장기적으로 봤을 때 당신을 가장 걱정시키는 것은 무엇인가요? • 어떤 변화 없이 지금까지 당신의 행동방식을 유지한다면, 당신이 생각하는 가장 최악의 상황은 무엇인가요? • 비록 앞으로 발생하지 않을 것이라고 본다고 하더라도 (당신이 만약 이 문제 행동을 지속한다고 할 때) 당신은 앞으로 어떤 일이 발생할지에 대해서 얼마나 알고 있나요? • 당신이 현재 행동을 유지한다면 지금으로부터 1년 뒤에는 어떤 상황이 발생할까요?

출처: Miller & Rollnick(2002).

| 안내 7.2 | 생리심리사회적 틀에 따라 정리한 아랍계 미국 남성 흡연자를 위한 문제 행동의 단점 | |

요인	내용	예시
생리적 요인	신체 건강 치료약	· 호흡기 문제 · 경련성 기침
심리적 요인	자신에 대한 감정과 생각	· 금연을 못하는 것 때문에 스스로를 약하다고 느낌 · 담배없이 스트레스를 극복하지 못한다고 느낌
사회적 요인	관계 직업 법적 상태	· 가족들이 간접흡연의 피해를 입을 수 있음 · 가족들을 위해 써야 할 돈을 담배를 구매하는 데 쓰는 문제

내담자가 자신의 행동의 단점에 대해서 논하게 될 때, 사회복지사는 내담자가 상세하게 그 문제들을 이야기하고 구체적인 예시를 들 수 있도록 격려해야 한다. 예를 들어, "당신은 과음을 했을 때 당신이 하는 행동이 마음에 들지 않는다고 말했습니다. 최근에 이런 일이 발생했을 때에 대해 구체적인 예를 들어주겠습니까?"라고 말할 수 있다. 내담자는 구체적인 사례를 제시하면서 자신의 문제 행동이 어떻게 서비스를 받도록 이끌었는지 귀 기울이기 시작한다. 일례로, 남편의 흡연문제를 호소한 아랍계 무슬림 여성의 사례를 살펴보자. 이 여성이 간접흡연이 아이들의 건강에 해롭다고 언급한 것을 가정할 때, 실천가는 다음과 같이 질문할 수 있다. "남편의 흡연으로 인한 가족들의 간접흡연 문제에 대해서 염려하는군요. 간접흡연이 아이들에게 미칠 수 있는 영향들에 대해서 어떤 것들을 알고 있나요?"

단점을 탐색하는 과정은 내담자에게 개별화되어야 한다. 하지만 내담자가 자신의 리스트를 다 썼을 때 당신은 다른 가능성을 제안해도 되는지에 대해서 허락을 구할 수 있다. "다른 사람들이 왜 때로는 화를 내는 것이 좋다고 생각하는지에 대해 함께 이야기 해봐도 될까요? 어떤 사람들은 화를 내는 것이 어느 정도의 통제감을 준다고 생각합니다. 당신도 이 생각에 동의하나요?"

[안내 7.3]은 내담자와 문제의 장점과 단점에 대해서 탐색하는 과정에 대한 지침을 제시한다. 우선 [사례 7.3]을 살펴보도록 한다.

3 | 아동, 청소년의 양가감정 탐색하기

현상유지와 문제 행동의 장점에 대해서 논의하는 것은 여러 가지 이유로 아동, 청소년과 함께 일할 때 아주 효과적일 수 있다. 첫째, 이것은 사회복지사를 아동의 삶에 있는 다른 사람들과 구분짓는다. 부모와 교사들은 아이들이 무엇을 해야 하는지에 대해서 설교하고 훈계한다. 반대로, 사회복지사의 역할은 아이들이 문제에 대해서 보다 주인의식을 가질 수 있도록 안내하는 데 있다. 사회복지사는 이 과정 중 아이들의 관점에서 문제 행동이 어떤 필요를 충족하는지에 대해서 비판단적인 태도로 이야기하면서 내재적인 과정과 동기를 구체화하는 방법을 개발할 수 있다. 덧붙여, 동기강화상담에 부합하는 방식으로 문제 행동의 긍정적인 혹은 부정적인 결과에 대해 논의를 하는 과정은 변화의 필요를 보다 명확하게 알게 한다. [사례 7.4]에서 관련 사례를 제시하고 있다. 이 사례는 다른 국가에서 이민 온 아동과 분노 조절 장애를 가진 소수민족 청소년에 관한 것이다. 이 문제는 사회복지사가 학교, 청소년 사법 프로그램, 가정 기반 서비스에서 자주 직면하게 되는 문제이다.

안내 7.3 행동의 장점과 단점에 대해서 논의하는 과정에 대한 안내

- 충분한 탐색과 논의를 허용한다. 이 과정의 각 단계에서 적절하게 공감과 인정을 제공한다.
- 내담자가 생각해낸 대안들을 기록한다.
- 내담자가 대안들을 고안한 뒤에 그에 대해 어떻게 생각하는지 질문한다.
- 내담자에게 단점과 장점을 확인하도록 요청한다.
- 문제행동이 많은 장점을 가진다면, 내담자가 동일한 필요를 충족시키는

다른 방법들을 찾아가면서 문제행동의 장점들을 어떻게 줄여나갈 수 있는 지를 평가하는 데 관심을 주어야 한다. 단, 내담자가 원할 때. 이것들은 내담자가 추구하기를 원하는 목적으로 표현될 수 있다.

사례 7.3 "씹는" 담배의 문제점

제이미와 대화를 지속하며

사회복지인턴: 좋아요. 어떤 문제가 있지요?

제이미: 제 건강문제가 가장 커요. 저는 당연히 구강암에 걸리는 것이 싫어요. 전 늘 건강하고 싶어요. 그리고 이건 일정 부분 사회적인 문제가 되기도 하는데요, 사람들은 제가 더럽다고 생각해요. 물론 다른 사람들이 저에 대해서 어떻게 생각하는지 신경쓰지 않지만, 여자친구가 염려하는 것이 문제가 되는 것 같아요.

사회복지인턴: 당신은 스스로를 돌보고 싶고 여자친구와의 관계를 향상시키고 싶은 거죠.

제이미: 네, 제가 씹는 담배를 사용하면 여자친구는 키스조차 하지 않아요. 그럴 때면 저는 꼭 민트를 먹고 물을 마셔야 해요. 그건 정말 귀찮은 일이죠.

사회복지인턴: 그 문제가 당신과 여자친구가 헤어지는 원인이 될 수 있을까요?

제이미: 아니요. 하지만 그녀는 제가 씹는 담배를 사용하는 것을 좋아하지 않는다고 분명하게 이야기했어요.

사회복지인턴: 알겠어요. 이 문제와 관련해서 다른 문제점은 무엇이 있나요?

제이미: 저는 하루종일 제 침으로 가득 찬 병을 가지고 다니는 게 싫어요. 수업에 들어갈 때 항상 이 병을 가지고 가는데 책상 옆에 두었다가 침을 뱉어요. 만약 다른 학생들이 조용히 하고 있을 때 침을 뱉으면 정말 듣기 싫은 큰 소리가 나요. 이건 정말 다른 사람에게 방해가 되는 것 같아요.

사회복지인턴: 당신은 씹는 담배를 사용하는 것이 수업 환경에 영향을 미치는

것을 인식하고 있군요.

제이미: 네, 물론 예전에 담배를 끊으려고 했었어요. 하지만 다른 방법을 찾을 수 없었죠.

사회복지인턴: 우리는 이것에 대해서 짧게라도 이야기해볼 수 있어요. 그렇지만 또 다른 부정적인 면에는 무엇이 있었나요?

제이미: 씹는 담배를 사려면 돈이 많이 들어요. 아직까지 저는 돈을 많이 벌지 못하고 있구요. 그래서 대부분의 돈이 식료품과 씹는 담배를 구매하는 데 들어가요.

사회복지인턴: 씹는 담배를 사는 것이 문제가 되네요. 이 때문에 당신은 다른 데 필요한 비용을 감당하지 못하니까요.

제이미: 네, 저는 제 삶을 통제하지 못한다는 느낌이 싫어요. 그리고 돈은 삶에서 중요한 부분이죠.

사회복지인턴: 당신은 미래를 위해서 저축을 하고 싶군요.

제이미: 네, 돈은 언제나 필요하죠. 그리고 저는 곧 졸업을 하게 되거든요.

사회복지인턴: 좋아요. 이와 관련해서 다른 하고 싶은 말이 더 있나요?

제이미: 제가 볼 때 지금까지 말한 게 저한테 중요한 것들인 것 같아요.

사회복지인턴: 당신의 건강, 관계, 그리고 미래 직업 말씀이죠?

제이미: 네, 바로 그것들이요.

▸ 논의 질문
• 이 대화에 대해서 어떻게 생각하는가?

• 문제에 대한 내담자의 관점을 알아가는 것에 이 대화는 얼마나 효과적이었는가?

4 변화의 장점

때로 장점과 단점을 탐색하는 것만으로도 변화를 향한 내담자의 동기를 촉진할 수 있다. 하지만 보다 심도 있는 평가가 요구되는 경우도 있다. 내담자의 행동에 대한 다른 관점에 대해서는 어떻게 생각하는지 탐색한 이후에 내담자의 행동이 문제가 된다고 고려하는 단계로 나아갈 수 있다. 하지만 실제적인 변화 노력을 수행하는 데에는 더 많은 동기가 요구될 수 있다. 이때, 변화에 대한 장점을 논하는 것으로 시작할 수 있다. 이와 관련한 질문 유형들이 [사례 7.4]에 제시되어 있다. 이 역시도 생리심리사회적 기능의 용어([사례 7.5])로 정리할 수 있다. 심리사회적 수준에서 목적과 가치에 대한 언급이 있다는 것을 기억하라. 내담자가 그들의 가치를 탐색하도록 하여 자신의 행동과 가치가 얼마나 일치하는지에 대해서 생각해보도록 하는 과정에 대한 심도 있는 논의가 6장에 제시되고 있다. 문제와 가치 간에 불일치감을 강조하고 변화를 추구하는 방향으로 나아가는 데 핵심 목적이 있다는 것을 기억하라.

사례 7.4 행동 선택의 장점과 단점을 논의하기

예 1: 애쉴리는 성적, 신체적 학대 경험을 가진 16세 흑인 소녀이다. 학교에 다니면서 세 번의 감정폭발을 하였고, 남학생들과 다툼이 있었다. 언젠가 한 번 감정폭발을 할 때 애쉴리는 복도에 서 있는 다른 한 소녀에게 폭력을 가했다.

사회복지인턴: 브라운 선생님과 카터 선생님이 염려하고 있는 감정폭발에 대해서 말해줄 수 있겠어요?

애쉴리: 이 남자아이들은 제 과거에 대해서 알지 못해요. 그 아이들이 제가 입은 옷에 대해서나 저와 관련된 어떤 것에 이야기할 때면 제 안에 뭔가가 폭발을 하고 저는 분노하게 돼요. 저도 어쩔 수가 없어요. 그 사람들은 제가 뭘 경험했는지 알지 못해요. 브라운 선생님과 카터 선

생님은 제가 다른 애들이 공부하는 것을 방해할까봐 염려하는 거구요.

사회복지인턴: 그러니까 당신에 대해서 부적절한 발언을 하는 남학생들에게 화가 나고 고함을 지르게 되는군요.

애쉴리: 네, 그 아이들이 먼저 아무 말도 안한다면 저는 고함지르거나 화를 내지 않아요. 그 아이들이야말로 상담을 받아야 하는 애들이란 말이에요.

사회복지인턴: 네, 당신 말이 맞아요. 아이들이 당신에게 상처를 주는 말을 하는 것은 정말 잘못 된거죠. 남자애들이 당신에 대해서 무엇인가 말할 때 화를 내는 행동으로부터 당신은 무엇을 얻게 되죠?

애쉴리: 저는 아무것도 할 수 없어요. 그 아이들이 하는 말은 정말 상처가 되고 제 과거를 들추는 것 같아요. 저는 통제감을 상실하고 화를 내게 돼요.

사회복지인턴: 그래서 그 아이들에게 화를 낼 때 무슨 감정을 느끼죠?

애쉴리: 훨씬 기분이 나아져요. 하지만 곧 그 아이들에게 화를 내었다는 점에서 기분이 상해요. 저는 화를 내고 나서 언제나 사과를 해요. 저는 이렇게 반응하고 싶지 않아요. 저는 이 남자아이들이 저에게 이런 식으로 말을 하면 안된다는 것을 단단히 알았으면 좋겠어요.

사회복지인턴: 그 아이들에게 화를 내면서 당신은 그 아이들에게 그런 방식으로 말하는 것을 원하지 않는다는 것을 전달하게 되는군요.

애쉴리: 네.

사회복지인턴: 당신은 그렇게 반응하고 싶지 않다고 하였지요. 그에 대해서 좀 더 말해보겠어요?

애쉴리: 제가 그런 식으로 화를 낼 때 사람들은 제가 미쳤다고 생각해요. 저 역시도 제가 언제나 사람들에게 화내는 방식으로 살아갈 수 없다는 것을 잘 알고요.

사회복지인턴: 당신이 생각할 때에는 당신이 화를 내는 것 때문에 당신 자신이 그리고 다른 주변 사람들이 어떤 방식으로 상처를 받았다고 생각하나요?

애쉴리: 글쎄요. 전에 제가 때린 여자애는 사실 그렇게 맞을 필요가 없었어요. 물론, 제가 사과를 했지만요. 엄마가 정말 스트레스를 많이 받으시는데요, 엄마는 더 이상 저 때문에 학교에 오는 것과 이런 상담에 저를

데려오는 것에 신물이 난 것 같아요. 엄마는 이미 많이 고생하셨죠. 엄마는 늘 저 때문에 스트레스를 받는 상태이고요, 저는 그것 때문에 마음이 아파요.

사회복지인턴: 당신이 화를 내는 것이 엄마와의 관계에 악영향을 미쳤군요. 그리고 당신은 엄마를 고생시키는 것에 미안한 마음을 가지고 있고요.

애쉴리: 정말 미안하죠.

사회복지인턴: 당신이 화를 다스릴 수 있는 방식으로 변화를 해야하는 데에는 어떤 이유들이 있을 수 있을까요?

애쉴리: 제가 변하면 더 이상 여기에 오지 않아도 되겠지요. 엄마도 덜 스트레스를 받을 것이고 사람들은 제가 미쳤다고 생각하지 않을거예요. 저는 사람들을 좀 더 잘 대할 수 있을 거예요.

사회복지인턴: 사람들을 좀 더 잘 대한다는 말은 당신에게 불편한 말을 하는 남학생들에게 그리고 고등학교를 졸업하고 나서도 활용할 수 있는 기술이 되겠네요.

애쉴리: 네, 저는 대학에 가서 아니면 직장에 나가서 지금처럼 분개하거나 감정폭발을 하고 싶지 않아요.

사회복지인턴: 그렇다면 변화를 하는 데 있어서 단점은 어떤 것들이 있을까요?

애쉴리: 잘 모르겠어요. 이렇게 화를 내는 것은 제가 아는 유일한 방법이고요, 엄마가 말씀하신 것처럼 유전인 것 같아요. 저는 다른 방법을 모르거든요.

사회복지인턴: 흠(잠깐 말을 멈춤). 물론 지금까지 해온 방법을 변화시킨다는 것은 어려울 수 있어요. 하지만 그로 인해서 엄마가 덜 스트레스 받게 될 것이고 사람들과의 관계는 훨씬 향상될 거예요.

애쉴리: 네, 아마도 어떻게 하면 화를 내지 않는지를 알아내야 할 것 같아요. 그래야 그 아이들도 그만둘 거고요, 엄마도 더 이상 학교에 오지 않아도 되겠지요.

사회복지인턴: 당신의 화를 다스릴 수 있다는 것은 학교 선생님들과 엄마와의 관계에 긍정적인 영향을 줄거예요. 당신이 지금 상담을 받고 있고 또 이에 대해서 이야기하는 것은 어느 정도 변화를 할 준비가 되었다고 보게 하네요.

예 2: 마리아는 과테말라 시골 출신의 11세 소녀로, 눈에 생긴 종양을 제거하는 수술을 받기 위해 미국에 왔다. 그녀는 스페인어만 할 수 있다. 마리아의 동네에서는 마리아처럼 신체에 문제가 생긴 것은 저주를 받았다고 믿는다. 마리아는 자신의 병에 대한 편견과 또 병으로 인해서 생긴 편두통으로 집중하는 데 문제가 있어서 학교에 간 적이 없다. 그녀는 글을 읽는 방법을 집에서 배웠다. 유일한 사회활동은 교회에 가는 것이다. 그녀는 교회 성가대원이며 언젠가 가수가 되고자 하는 꿈을 가지고 있다. 사회복지인턴은 동기강화상담을 활용해서 마리아가 고향에 돌아가 학교를 다닐 수 있도록 하는데 초점을 두고 작업을 하려고 한다.

사회복지인턴: 마리아, 매일 낮에 학교가 아니라 집에 머무는 것은 어떤가요?

마리아: 저는 색칠 공부를 하고, 성경을 읽고, 노래하면서 제가 원하는 것을 할 수 있어요.

사회복지인턴: 당신은 자유를 즐기는 것처럼 보여요, 외롭지는 않나요?

마리아: 한번씩 언니나 오빠가 학교에 가고 없거나 부모님이 일하고 계실 때는 그래요.

사회복지인턴: 학교를 다녀도 외롭다고 느낄까요?

마리아: 그렇진 않을 것 같아요.

사회복지인턴: 종양을 제거하고 나면 아이들이 어떻게 행동할 것이라고 생각하나요?

마리아: 아마 그 아이들은 저를 다른 사람들처럼 똑같이 대할 거예요.

사회복지인턴: 희망이 있어 보여요, 참 좋은 일이군요. 학교에 가지 못하고 집에 있어서 못했던 것들이 있다면 무엇일까요? 예를 들어서 컴퓨터를 배우거나 수학 공부를 하는 것이요.

마리아: 저희 언니 오빠들이 시간이 있을 때 수학을 가르쳐 주려고 노력해요, 그래도 저는 컴퓨터를 배우고 싶어요.

사회복지인턴: 또 어떤 것을 배우고 싶나요?

마리아: 영어 말하기요.

사회복지인턴: 나는 당신이 여기서 4주 동안 얼마나 잘 적응하는지를 보았어요. 당신은 이미 여기에서 영어를 배우고 있기 때문에, 학교에서 정말

잘 할 것이라는 확신이 들어요.

마리아: 하지만 이전에 학교에 가 본 적이 없어요. 너무 힘들다면 어떻게 하지요?

사회복지인턴: 당신이 학교 생활을 더 쉽게 하도록 도와줄 수 있는 아이디어가 무엇이라고 생각하나요? 또는 힘든 경우에 적어도 몇 가지 방법으로 도움을 줄 수 있을까요?

마리아: 언니 오빠들이 제 학업에 도움을 줄 수 있을 것 같아요.

사회복지인턴: 좋아요. 또 도움이 될만한 다른 것이 있을까요?

마리아: 그 외 도움은 선생님께 부탁하고, 교회에서는 청소년부 담당 선생님이 저를 도와 줄 것 같아요. 어쩌면 교회에서 온 친구들 중 일부는 학교 애들일테고 그 아이들이 저를 도와주지 않을까요?

사회복지인턴: 당신에게는 학업을 시작할 수 있도록 도와줄 수 있는 많은 사람들이 확실히 있네요.

마리아: 집에서 쓸 컴퓨터가 있으면 좋을 것 같아요. 혹시 제가 컴퓨터를 기증받을 수는 없을까요?

사회복지인턴: 열의가 참 뜨겁군요. 그렇지만, 컴퓨터를 기증받는 것은 힘들 것 같아요. 미안해요. 그래도 학용품을 기증해 줄 수 있을 것 같아요. 학교에서 컴퓨터를 배운다고 가정하고 우리가 한 번 연습해보는 건 어떨까요?

마리아: 알았어요.

사회복지인턴: 책 몇 권과 스페인어/영어 그림 사전을 남겨두고 갈게요. 성경 외에 다른 책을 읽는 연습을 할 수 있을 거예요. 그리고 당신의 어머니에게 영어를 배울 수 있을 거예요. 그리고 다음 주에 제가 다시 방문할 때 이것들이 얼마나 진행되었는지 얘기해 주세요. 그리고 다음 주 쯤에는 병원에서 퇴원할 수 있을 거예요. 그때부터 제가 컴퓨터를 가르쳐 드릴 수 있을 것 같네요. 어때요?

마리아: 좋아요.

사회복지인턴: 집으로 돌아가서 새 삶을 시작하는 것에 대해 어떻게 생각하세요?

마리아: 사람들이 제가 저주받았다고 하지 않으면 좋겠어요. 저도 다른 아이들처럼 되고 싶어요. 다시 가족을 만나고 또 교회로 돌아갈 수 있어서 기뻐요. 그리고 병원을 떠나게 되어서 정말 좋아요.

사회복지인턴: 저는 당신이 종양 제거 수술을 받게 되어 기뻐요. 당신은 앞으로 지금처럼 살기 원하는 마음도 있고, 또 한편으로는 학교에 가서 여태 놓쳤던 것들을 하면서 삶을 풍성하게 만들기를 바라고 있어요. 당신은 고향의 다른 모든 아이들과 같아지기를 원하고, 그렇게 되는 방법을 알고 있어요.

안내 7.4 변화의 장점을 유도하는 질문

유형	내담자 지표	질문 예
변화 의도	변화에 대한 가능성에 대한 잠정적 표현: "저는 제가 무언가 해야한다는 것을 잘 알아요. 단지 지금은 뭘 해야 할 지 잘 모르겠어요."	• 당신이 여기 있다는 사실 자체가 최소한 당신이 무언가 해야겠다고 어느 정도 생각한다는 것을 말해주는 것입니다. 변화를 해야 한다고 보는 이유에는 무엇이 있나요? • 당신이 100% 성공을 했고 당신이 원하는 방식으로 모든 일이 풀리면 과연 어떤 변화가 이루어질까요? • 어떤 것들이 당신으로 하여금 현재의 방식을 고수하도록 하나요? • 그렇다면 반대의 상황은 어떠한가요? 어떤 것들이 당신이 변화를 고려하도록 하나요? • 지금 이 순간 당신의 문제에 대해서 어떻게 생각하나요? • 현재로서 당신은 모든 상황이 막혔다고 생각하는군요. 과연 무엇이 변해야 할까요? • 당신의 상황이 변하는 것에 대해서 어떻게 생각하나요? • 변화에 있어서 무엇이 긍정적인 것일까요?

		• 지금부터 5년 뒤에는 당신의 삶이 어떻게 변화하였을까요?
변화에 대한 긍정성 (자기 효능감)	내담자 입장에 대한 긍정성: "시도를 한다면 제가 잘 해낼 수 있다는 것을 알아요."	• 당신이 변화하기로 마음먹었다고 한다면 과연 무엇이 그렇게 하게 했을까요? • 당신이 변하기를 원한다고 한다면 무엇이 당신이 변할 수 있게 도와줄 수 있을까요? • 만약 변화하기로 결정했다면 무엇이 그렇게 할 수 있도록 한다고 생각하나요? • 당신 인생의 다른 시점에서 지금과 같이 의미있는 변화를 만들어낸 적이 있나요? 어떻게 그것이 가능했나요? • 당신의 어떤 강점이 당신이 성공하도록 도왔나요? • 누가 당신이 변화할 수 있도록 실제적인 도움과 지지를 제공할 수 있을까요? • 만약 당신이 변화한다면 당신이 예측할 수 있는 최선의 결과는 무엇이 될까요? • 당신이 원하는 변화를 완전하게 성공적으로 이루어냈다면 무엇이 달라질까요?
극단적 상황에 대한 질문	변화가 성공적으로 이루어졌을 때를 가정하여 미래를 내다보기	• 변화를 한다고 했을 때 무엇이 가장 최선의 결과가 될까요? • 당신이 원하는 변화가 성공적으로 이루어졌다고 한다면 무엇이 달라질까요?

생리심리사회적 관점으로 정리한 변화의 장점

생리적	심리적	사회적
• 신체 건강	• 자신에 대한 감정 • 미래를 위한 계획 • 개인적 가치	• 관계 • 직업 • 학업 • 법적 상태

5 변화의 문제점

결정저울의 마지막 단계에서는 변화의 단점에 대한 논의가 이루어진다. 이는 중요한 과정이 되는데, 이후 변화를 막는 요인이 될 수 있기 때문이다. 당신의 내담자, 그 사람의 상황, 특수한 경험으로 인해서 개인적인 이유를 가질 수 있지만, 사람들이 변화하기 싫어하는 데는 어느 정도 일반적인 이유가 있다.

대개 사람들은 변화하는 데 있어서는 정말 많은 노력이 필요하며 불편함이나 어떤 때에는 고통마저 경험한다. 사람들은 변화가 가져올 결과에 대해서 두려움을 느끼기도 한다. 그들의 정체성, 생활 양식, 주변 사람들이 예가 된다. 사람들은 자신들이 노력했음에도 불구하고 변하지 못할 수도 있다는 점에 두려움을 느끼기도 한다. 동기강화상담에서는 이러한 방해물을 다루는 방법으로 자기효능감, 즉 스스로가 변할 수 있다는 자신감을 향상시킨다(6장에서 논의되고 있다).

결정저울 절차를 요약하기 위해서 사회복지사들이 다양한 영역에서 다루게 되는 분노 문제와 관련된 예시를 [사례 7.6]에서 제시하고 있다.

변화의 문제점

제이미: 그럼요, 저는 이번 학기가 주는 스트레스를 다 받으면서, 또 휴학하고, 결국 모든 것을 다시 반복하고 싶지 않아요. 그건 정말 바보 같은 일이에요. 저한테 일어나고 있는 모든 일 중에서 가장 부담스러운 일이고요.

사회복지인턴: 당신이 시도를 했음에도 그것을 해내지 못할까봐 두려워하는군요.

제이미: 네, 과거에도 그런 적이 몇 번 있었거든요. 정말 많은 고생을 하게 되고 엄청난 스트레스를 받아요. 그런데 결국 그건 아무것도 아닌 게 되고 저는 처음부터 다시 시작해야 하는 걸요.

사회복지인턴: 지속적인 변화를 유지하는데 필요한 노력에 대해서 생각하는 건 어려운 일이군요.

▸ 논의 질문

당신이 이 내담자가 보인 행동 그리고 그가 제시한 방해물에 대해서 알고 있는 것들을 고려할 때, 내담자가 완전히 그만두겠다고 결정하기 이전에 이 내담자와 어떤 작업을 할 수 있을까?

사례 7.6 분노 행동을 지속했을 때 발생하는 장점과 문제점에 대한 논의

데이비드는 35세 백인 남성으로 현재 혼자 거주하고 있다. 간간히 막노동으로 생계를 유지하고 있다. 이 내담자는 통제할 수 없는 분노 행동에 대해서 호소하고 있다.

사회복지인턴: 이번 회기를 분노의 장점과 단점에 대해서 이야기해보는 시간으로 활용해보면 어떨까 생각해봤어요. 당신이 말한 것처럼 이 행동에 대해서 뭔가 해야 한다고 생각했기 때문에 여기에 찾아온 것이잖아요.

데이비드: 네, 그것에 대해 이야기해보는 것은 괜찮을 것 같아요.

사회복지인턴: 좋아요. 당신의 삶이 변화해야 한다고 보는 이유가 뭐죠?

데이비드: 분노를 통제하지 못하는 것에 있어서 가장 큰 문제는 사람들과의 관계에 부정적인 영향을 미치는 것이라고 생각해요. 저는 건강한 관계를 맺고 싶어요. 의지할 수 있는 사람이 아무도 없어요. 저는 모든 관계를 망가뜨렸어요. 가족, 친구, 여자 친구… 모두요. 선생님도 알다시피 저도 사람이잖아요. 다시 사람들과 좋은 관계를 맺으면서 살아가고 싶어요.

사회복지인턴: 당신은 친밀하고 긍정적인 관계를 맺고 싶군요, 또 그것이 지속되기를 바라고요. 그리고 스스로 생각할 때 분노가 그 관계들을 망친다고 보고 있고요.

데이비드: 맞아요. 저는 이것이 제가 변화해야 하는 이유 중의 하나라고 생각해요. 최소한 그건 제가 최근에 생각해온 것이고요. 다른 사람한테 늘 그렇게 화를 내지 않았으면 좋겠어요. 하지만 제가 그렇게 하는 데는 이유가 있어요.

사회복지인턴: 당신이 생각할 때 무엇이 당신을 원래대로 돌아가게 했나요?

데이비드: 여러 가지 이유가 있어요. 저는 사람들한테 무시당하고 싶지 않아요. 저는 스스로를 지켜야 해요. 사람들이 제가 잘못을 일으키지 않는다는 것을 단단히 알았으면 좋겠어요.

사회복지인턴: 당신은 사람들이 당신에 대해 의구심을 던질 때, 분노를 활용해서 그 사람들에게 통제를 가하려고 하는군요.

데이비드: 네, 저는 어렸을 때부터 그렇게 제 자신을 지켜왔는걸요. 저는 아버지가 저희한테 한 행동에 대해서 정말 화가 났어요. 아버지가 저와 제 동생에게 한 행동은 정말 잘못 되었어요. 그건 저로 하여금 정말 화가나게 했어요. 저는 엄마와 동생을 보호하고 싶었죠. 저는 언제나 자존심이 강한 사람이었어요. 그래서 제가 다른 사람들에게 무언가 하겠다고 한 것은 대부분 꼭 행동으로 옮겼어요. 예를 들어 방금 아버지 이야기를 했는데, 제가 아버지에게 물건을 집어던지겠다거나 폭력을 행사하겠다고 말을 해야했던 상황이라면 저는 그렇게 했어요. 그게 제가 반응한 방식이에요.

사회복지인턴: 당신이 어렸을 때부터 그렇게 바로 화를 내는 것이 자연스럽게 습득되었군요. 그리고 이제 당신은 동일한 상황에서 다른 방식으로 반응하는 것을 해보고 싶고요.

데이비드: 네, 바로 그래요. 화를 내는 것은 제 삶에서 불필요한 스트레스를 주는 걸요.

사회복지인턴: 당신의 삶에서 불필요한 스트레스가 무슨 의미인지 좀 더 말해 줄 수 있겠어요?

데이비드: 제 생각에 저는 이미 충분히 고민할 것들이 많다고 생각해요. 그리고 더 이상 다른 문제가 안 생겼으면 좋겠고요. 하지만 어떤 때 저는 화가 나요. 제 안에 뭔가 부글부글 끓어 오르고… 저는, 아 몰라요… 그냥 그것들이 저한테 좋은 게 아니라고 생각해요.

사회복지인턴: 오늘 이 짧은 시간 동안만 해도 저는 당신이 분노에 있어서 장점과 단점에 대해서 잘 인식하고 있다는 것을 알 수 있었어요. 당신이 화가 날 때, 당신은 늘 그렇게 해온 것처럼 반응을 했고요, 그것은 당신이 다른 사람들한테 영향을 미치는 방법이었어요. 그리고 당신은 스스로가 자존심이 강한 사람이라고 했습니다. 분노가 당신이 인정을 받는 방법이라고 설명했어요. 하지만 다른 측면에서 볼 때, 분노에는 단점이 있죠. 가장 중요하게 보면, 그건 가족뿐만 아니라 친구와의 관계에도 문제를 발생시켰네요.

데이비드: 네, 화를 낸 결과가 바로 그거죠.

사회복지인턴: 구체적으로 언제 그런 일이 있었는지 말해보겠어요?

데이비드: 음. 네, 최근에 헤어진 여자친구가 접근금지명령을 받아냈어요. 그녀는 자신이 유산을 한 다음에 제가 그녀를 언어적으로 학대했다고 신고를 했죠. 이건 정말 제가 바란 상황이 아니에요. 안정적인 직업을 얻으려면 더 이상 법적인 문제에 얽히면 안돼요. 이건 정말 제게 중요한 사안이거든요. 그리고 제가 잘 말하고 있는 건지 모르겠지만, 어떤 이유에서든지 저는 화가 날 때 그걸 표출하면 약간 기분이 나아져요. 제가 자신이 없는 상황에서 분노를 표출하면 어느 정도 위로를 받은 기분이 들더라고요. 안전망같아요. 이게 말이 되는 건지 모르겠어요. 정말 이상하게 들리죠. 왜냐하면 화를 내는

건 정말 제 삶에 많은 문제를 일으키거든요.

사회복지인턴: 그러니까 그건 분노의 또 다른 장점으로 들리는군요. 당신은 어쩌면 당신에게 불안을 유발하는 환경에서 어떤 특정한 안정감을 느낄 수 있군요.

데이비드: 사실대로 말하면 어떤 때 저는 스스로를 통제할 수 없어요. 제 자신도 어쩔 수 없는 거죠. 그리고 한번 화내기 시작하면 아무도 저를 막을 수 없어요. 혹시 선생님에게도 그런 일이 일어난 적이 있나요? 어쨌든 저는 더 이상 이런 일이 발생하면 안된다는 것은 알고 있어요. 무언가 바뀌어야만 해요.

사회복지인턴: 당신은 자존심이 강한 사람이군요. 그리고 당신은 스스로의 행동에 보다 책임감을 가지고 싶고요.

데이비드: 저는 단 한번도 그렇게 생각해본 적이 없어요. 하지만 그렇게 바라보는 시각은 제가 다른 방식으로 반응하게 하는 데 도움이 될 것 같아요.

사회복지인턴: 제가 볼 때 당신은 방금 발견한 변화에 대한 동기를 지금까지 찾아왔던 것 같아요. 당신은 스스로 행동이 변할 필요가 있다는 결론에 도달했군요. 그리고 당신이 효과적으로 분노를 통제하는 방법을 배우면 그것이 득이 될 것이라고 생각하고 있고요. 데이비드, 이런 결론에 도달할 수 있는 건 정말 훌륭한 일입니다.

데이비드: 네, 음… 제가 볼 때 이렇게 말을 하면서 이런 생각을 할 수 있는 건 정말 멋진 일인 것 같아요. 하지만 선생님과 논의한 것들은 처음 생각한 것만은 아니에요. 제가 꽤 외로웠기 때문에 혼자서 이런 생각을 해볼 시간이 있었거든요.

사회복지인턴: 그러면 당신의 행동을 변화시킬 때 얻을 수 있는 장점들에는 무엇이 있을까요?

데이비드: 글쎄요. 제 말은 행동을 변화하면 다른 사람과 제 관계에 당연히 도움이 되겠지요.

사회복지인턴: 당신이 방금 한 말에 대해서 조금 더 말해주겠어요?

데이비드: 저는 실은 제 어머니와의 관계에 대해서 걱정하고 있어요. 어머니와 관계를 회복하고 싶거든요.

사회복지인턴: 어머니와 어떤 방식으로 관계가 바뀌었으면 좋겠나요?

데이비드: 음, 제 어머니와 몇 년간 대화를 하지 않았거든요. 어머니께 제가 변했다는 것, 최소한 제가 변하려고 정말 노력하고 있다는 것을 알리고 싶어요. 그리고 저는 어머니가 아버지를 떠나고 싶을 때 저한테 연락할 수 있고, 저를 믿을 수 있고 의지할 수 있다는 것을 알았으면 좋겠어요. 제 아버지는 어머니를 존중하는 방법을 모르거든요.

사회복지인턴: 당신이 화를 내는 바람에 당신과 어머니의 관계에 문제가 생겼군요. 그런데 이제 당신은 어머니가 당신에게 얼마나 중요한 존재인지, 그리고 어머니에게 도움을 드릴 기회를 갖고 싶기 때문에 당신의 행동을 변화하고 싶군요.

데이비드: 네, 어머니는 좀 더 대우를 받으셔야 해요. 하지만 저는 물론 친구들과도 관계를 회복해야 해요. 친구는 정말 중요하거든요.

사회복지인턴: 당신의 행동을 변화시키는 것은 가족과의 관계뿐만이 아니라 친구들과도 보다 의미있고 지속적인 관계를 만드는 데 도움이 되는군요.

데이비드: 그리고 아마도 언젠가 다시 여자친구를 사귈 수 있을 거예요. 만약 그녀가 지난 여자친구와 다른 성격을 가지고 있다면요.

사회복지인턴: 그렇다면 당신의 친구와 가족과의 전반적인 관계를 강화시키는 것 외에 화를 다스리는 방식으로 변화를 한다고 가정할 때 어떤 다른 이유들이 당신에게 도움이 될 것이라고 생각하나요?

데이비드: 제 생각에는 지금과는 달리 더 이상 스트레스를 받지 않을 것 같아요. 그리고 더 이상 법적인 문제에 연루될 확률을 낮추게 되고요. 그렇게 되면 정말 좋을 것 같아요.

사회복지인턴: 변화에 대한 결과로 건강한 기분을 느끼거나 법적 문제에서 벗어나는 것을 생각해보세요. 당신이 원하는 변화를 이루어내는 것을 완전히 성공한다면 무엇이 달라질까요?

데이비드: 글쎄요. 원래라면 화를 냈어야 하는 상황에서 최선을 다해 화를 내지 않았다면 정말 기분이 좋을 것 같아요. 저는 다른 방식으로 반응하게 되겠지요.

사회복지인턴: 정말 긍정적으로 이야기하는군요. 당신이 그렇게 말하는 것을

들으니 저도 정말 기뻐요. 변화하는 데에 있어서 당신이 인정하기로
는, 어떤 특정한 상황에서 일반적으로는 화를 내며 반응해야 하는
데, 그렇지 않고 긍정적으로 반응하는 것을 훈련해볼 수 있겠어요.

데이비드: 제 생각에 제가 일단 한번 그렇게 하는 데 성공하고 나면 이후에는
자연스럽게 할 수 있을 것 같아요. 단지 그렇게 되려면 시간이 좀
걸리겠죠. 만약에 제가 바로 할 수 없다면 어쩌죠?

사회복지인턴: 당신은 이렇게 새로운 반응 양식을 갖는 것이 변화에 있어서
장점이라고 보는 것이죠? 그리고 어떤 상황에서도 분노를 조절할
수 있는 기술을 개발하기 위해서 노력해야 하는 과정은 변화에 있
어 단점이 되겠네요.

데이비드: 글쎄요. 음, 누구나 겁을 먹는 건 당연한거 아닌가요? 그건 정말
많은 노력을 요할 거예요. 꼭 그렇지만은 않겠지요. 아마도 화를
내면서 다른 사람들에게 완력을 행사할 때 느끼는 자만심보다는
덜 한 기분을 경험하겠지요. 아니면 제가 앞서 말한 안전망에 관해
서 기억하시나요? 아마도 저는 일반적으로 느끼는 안정감을 느끼지
못할 거예요. 어… 정말 어려운 과정이 될 것 같아요.

사회복지인턴: 변화를 위한 선택이란 것이 얼마나 어려운지를 잘 알고 있는
것 같습니다. 한편 화내는 것을 지속하고자 하는 마음을 가지고
있고요. 이러한 반응은 이것이 당신에게 얼마나 중요한 것인지 알
려주는 것입니다. 그리고 당신이 정말로 동기화되어 있다는 것도요.

데이비드: 제가 다른 방식으로 반응할 수 있도록 도와줄 만한 기법이나 기술
등이 있나요? 선생님이 염두에 두는 좋은 방법이 있는지 궁금해요.

사회복지인턴: 그럼요. 당신은 원래라면 화를 내야 하는 상황에서 다른 방식
으로 반응하는 것을 배우는 것을 통해 삶의 다른 영역을 개선하고
자 하는 희망을 가지고 있는 것 같아요. 자신의 분노조절 문제를
완화하기 위해서 노력하는 다른 내담자들에게 제가 제시하는 다른
방법들에 대해서 생각해보았어요. 이러한 전략을 위해 시도해 보길
원하나요?

데이비드: 그렇군요. 네. 물론이죠. 그러니까 어쨌건 제가 이것 때문에 여기에
온 거잖아요. 그렇죠?

사회복지인턴: 그리고 당신은 삶에서 이러한 변화를 만들어내기 위해 상담실 밖에서도 노력을 하는 것에 대해서 자신감을 가지고 있는 것 같습니다.

데이비드: 네, 그렇죠. 하지만 제 직업 상황은 어쩌죠? 그 문제는 어떻게 해결하죠?

사회복지인턴: 지금까지 당신은 재정에 대해 걱정할 필요가 없고 지속적으로 직업을 가질 수 있다고 생각해왔습니다. 그렇지만 현재 당신은 더 이상 그렇지 않다고 느끼는군요.

데이비드: 네, 하지만 오늘 이 모든 것들을 다루기에는 시간이 부족한 것 같아요. 저는 제 직업 상황에 대해서 이해하고 싶어요. 그게 다예요.

사회복지인턴: 당신은 직장을 구했던 경험들에 대해서 이야기했었습니다. 그리고 우리는 이것에 대해서 다음 회기에서 이야기해 볼 수 있어요. 어떻게 생각하나요?

데이비드: 정말 좋은 말씀인 것 같아요.

사회복지인턴: 오늘 우리는 분노에 대해서 이야기를 했습니다. 그리고 분노를 어떻게 조절할지는 당신의 삶에서 정말 중요한 영역이지요. 그리고 그것이 오늘 상담의 핵심이었습니다. 지금까지 이야기해온 내용을 중심으로 분노의 장점과 단점에 대해서 메모를 했습니다. 당신이 필요할 때면 언제고 돌아볼 수 있을 것입니다. 당신은 지속해서 이 행동에 대해서 노력해보고 싶다는 의지를 밝혔어요. 그리고 다음 주에 당신이 어떤 노력을 했는지 들어보고 싶습니다.

▸ 논의 질문
• 상기 대화 과정에 대해서 어떻게 생각하는가?

• 이 상담이 내담자에게 어떤 영향을 미칠 것이라고 생각하는가?

- 여기서부터 어떤 방향으로 다음 상담을 진행해야 할 것인가?

6 │ 사례 계획 준수를 위한 결정저울

지금까지 결정저울 평가에 대한 논의는 내담자의 문제행동과 관련이 있었다. 하지만, 결정저울은 변화 과정에서 내담자의 동기가 흔들릴 때, 또는 내담자가 동의한 사례 계획을 수행해나가는 데 있어서 꺼려하는 경우에도 도움이 된다. [사례 7.7]은 결정저울이 이러한 사례 계획을 따르는 것을 격려하는데 사용할 수 있는 좋은 도구가 된다는 것을 보여주고 있다.

사례 7.7 위탁돌봄 서비스를 이용하는 내담자의 운전면허 취득에 관한 장/단점 논의

예 1: 제이미는 17세 백인 여성으로 2년 동안 위탁 가정에 거주했다. 그녀는 칼을 들고 가족을 협박하는 행동 등을 포함하여 집과 학교에서의 공격성으로 인해 집으로부터 격리되었다. 아동보호서비스는 위탁모가 제이미를 안전하게 지킬 수 없다고 판단하여 제이미를 집에서 격리하였다. 제이미의 친모는 파킨슨 병을 진단 받았고, 친부는 몇 년 전에 심장 마비로 사망했다. 제이미는 18세가 되어 고등학교를 졸업하게 되면, 위탁 가정을 떠나야 한다. 이로써 독립생활 기술 개발이 최우선 과제가 되었다. 대학에 지원하고 집을 관리하는 방법을 배우는 것과 같이 독립생활과 관련해서는 많은 부차적인 목표들이 있지만, 제이미는 운전면허증을 따는 것을 우선으로 선택했다.

사례관리자: 제이미, 당신은 운전면허증을 취득하고 싶다고 했죠. 제가 잘 이해하고 있나요?

제이미: 네, 그런 것 같아요.

사례관리자: 그런 것 같다고요? 아직도 확실치 않나요?

제이미: 글쎄요, 저는 면허증을 따야 해요. 하지만⋯

사례관리자: 당신을 불확실하게 만드는 게 무엇이라고 생각하나요?

제이미: 저도 정말 모르겠어요. 아마도 대부분은 제가 다른 책임을 지기 싫다는 데 있는 것 같아요. 예를 들어서 보험을 들어야 한다거나 같은 것들이요.

사례관리자: 운전면허증을 따는 것이 당신에게 큰 책임이 따르는 것처럼 여겨지는군요. 아직 준비되지 않은 책임이요.

제이미: 그래요, 하지만 저는 운전면허를 따야 해요.

사례관리자: 당신은 제게 면허증을 따야 한다고 여러 번 말했어요. 여러 가지 이유들을 한 번 살펴 보죠. 면허증을 따는 데 있어서 장점과 단점 목록을 만들어보는 것이 좋을 것 같아요. 어떻게 생각하나요?

제이미: 제 생각에는 장점 목록이 단점 목록보다 더 많을 것 같아요.

사례관리자: 운전면허증을 갖게 되면 좋은 이유나 도움이 되는 이유는 무엇인가요?

제이미: 글쎄요, 첫째는 제 스스로 운전할 수 있게 된다는 거요. 더이상 위탁모를 의지하지 않아도 되고 지난 주처럼 그녀가 나를 데리러 오는 것을 잊어 버릴까 걱정하지 않아도 된다는 점이요. 학교에도 스스로 운전해서 갈 수 있고 필요한 물건을 살 수 있을 거예요. 또한, 제가 친엄마에게 방문할 때 엄마를 도울 수 있고 심부름도 할 수 있을 거예요. 그리고 우리는 어디에 가야할 때 더 이상 택시를 탈 필요가 없을 거예요.

사례관리자: 좋은 이유들이네요. 제이미, 다른 측면을 살펴봅시다. 운전면허 취득의 단점은 무엇이 될까요?

제이미: 모든 책임이 추가된다는 점이요. 제가 보험에 가입해야 하는 것이요. 그리고 제가 운전하게 될 차는 위탁모의 것이기 때문에 늘 여기 저기 다니면서 그녀가 시키는 모든 것들을 해줘야 할 거예요. 저는 그렇게

하는 것이 싫을 것 같아요.

사례관리자: 당신은 위탁모가 당신이 운전할 수 있다는 점을 이용해서 당신에게 모든 심부름을 하게 할 것이라고 걱정하나요? 이게 당신이 말하고자 하는 건가요?

제이미: 네!

사례관리자: 제 생각에는 이것은 해결 가능한 문제라고 봐요. 우리는 당신이 위압감을 느끼지 않도록 위탁모와 약속을 해볼 수 있을 거예요. 그녀와 무언가를 같이 해보는 것에 대해서 어떻게 생각하나요?

제이미: 쿠폰 같은 것을 말하나요? 그녀가 저한테 심부름을 시키려면 쿠폰을 줘야 하고 하루 혹은 일주일에 몇 번으로 제한하는 거요.

사례관리자: 정말 훌륭한 생각이에요! 그 방법은 위탁모와의 문제를 해결할 수 있는 아주 창의적인 방법이 될 거예요.

제이미: 정말인가요? 저는 사실 농담처럼 한 말이거든요.

사례관리자: 그건 정말 훌륭한 아이디어예요. 저는 당신과 위탁모 두 사람 모두가 잘 실천할 수 있을 것이라고 생각해요. 당신은 어떻게 생각하나요?

제이미: 글쎄요, 저는 면허증을 따야 한다는 것을 잘 알고 있으니까요. 그리고 이제 시작할 준비가 되었다고 생각하고요.

사례관리자: 정말 훌륭해요, 제이미. 당신의 말을 들으니 정말 기쁘군요.

초기에 내담자는 아직 운전면허증을 얻기 위해 나아갈 준비가 되어 있지 않았다. 결정저울을 통해 사례관리자는 제이미가 주저한 이유, 즉 위탁모가 심부름을 시킬 것에 대한 두려움을 확인할 수 있었다. 사례관리자는 제이미가 위탁모와 타협을 할 수 있도록 도와 내담자의 구체적인 사안을 해결할 수 있었다.

예 2: 자말은 20세의 흑인 남성으로, 청소년 자립 프로그램에서 생활하고 있다. 자말이 다니는 전문대학 내의 상담사가 자말이 거주할 곳이 없게 된 것을 알고 이 프로그램에 추천했다. 자말은 그의 어머니가 알코올 중독으로 고통받고 있으며 그의 누이 역시 양극성 장애를 앓고 있다고 했다. 결과적으로 이 두 사람이 그를 집에서 내쫓았다고 한다. 자말은 평균 성적 C를 받으며 학교에 다녔다. 그는 하드웨어 매장에서 1년 이상 캐셔로 일하고 있다.

최근 자말은 자립생활 프로그램에서 두 명의 남성과 함께 살고 있다. 프로그램 직원은 여러 번 그들의 아파트가 불결하게 관리되고 있는 것을 지적했다. 게다가 자말은 룸메이트들이 실직 상태이기 때문에 자신의 수입을 대부분 식비로 지출한다고 보고했다. 직원들은 자말에게 룸메이트를 위해 음식을 구매할 책임이 없다고 그에게 여러 번 이야기했지만, 그는 계속 그렇게 하고 있다. 룸메이트와 이 상황을 어떻게 다룰지를 묻는 질문에 자말은 다른 사람들과 직면하는 것에 늘 어려움이 있었다고 언급하면서 룸메이트에게 아무 말도 하고 싶지 않다고 한다. 사회복지인턴이 자말에게 결정저울 기법을 어떻게 사용하는지 읽어보라.

사회복지인턴: 당신은 아무도 청소하지 않는다는 것에 화가 났지만 이에 대해서 룸메이트와 이야기하는 것은 불편해 합니다. 룸메이트와 이 문제에 대해 이야기하지 않는 것의 장점에 대해서 말해 줄 수 있나요? 내가 장점들을 기록해 두겠습니다.

자말: 글쎄요, 그들은 나에게 화가 나지 않을 것입니다.

사회복지인턴: 그래서 장점은 그들이 당신을 좋아할 것이라는 거군요.

자말: 결국에는 다른 누군가가 이 문제를 언급하면서 대화가 시작될 것이라고 생각해요.

사회복지인턴: 또 다른 장점에는 누군가 앞장서 대화를 시작할 것이라는 거군요.

자말: (웃음) 어쩌면 당신들이 너무 화가 나서 미팅을 계획해서 우리가 이야기를 하도록 할 수도 있을 거예요.

사회복지인턴: 그래서 또 다른 장점은 당신들이 스스로 이야기하지 않으면 프로그램 차원에서 개입이 이루어진다는 것이군요. 또 다른 것은 없나요?

자말: 다른 이유가 생각나지는 않네요.

사회복지인턴: 이제 이 문제에 대해서 대화하지 않는 것에 대한 불이익을 생각해 봅시다.

자말: 가장 큰 단점으로는 제가 집에 올 때마다 스트레스를 받는다는 것이 있네요.

사회복지인턴: 그들에게 말하지 않는 것은 스트레스로 연결되는군요.

자말: 그리고 집이 지저분해져서 벌레 같은 것이 생길 것 같아요.

> **사회복지인턴**: 그래서 그들과 이 문제를 해결하지 않으면 벌레가 꼬일 수 있군요.
>
> **자말**: 그리고 아마 당신들과도 문제가 생길 것 같아요. 왜냐하면 당신은 우리 모두를 엉망진창이라고 보고할 것이기 때문이죠.
>
> **사회복지인턴**: 따라서 룸메이트들과 대화하지 않으면 프로그램에서 쫓겨날 수도 있군요.
>
> **자말**: 집에서 쫓겨나지 않으려면 나중에 무슨 일이 생기도록 방치하기보다 지금 당장 무언가를 해야겠군요.
>
> **사회복지인턴**: 그렇다면 지금 해야 하는 일이 무엇이라고 생각하나요?
>
> **자말**: 그들과 이야기해야만 해요. 왜냐하면 더 이상 오래 기다릴 수 없을 것 같거든요. 저는 이미 다른 스태프에게 경고 메시지를 받았어요.

[사례 7.7]에서 내담자가 문제에 대해 곧 조치를 취해야 한다는 자신의 결론에 어떻게 도달했는지 주목하라. 사회복지사가 단순히 무엇을 해야 하는지를 말해주었다면 이러한 결론에 도달하지 못했을 수 있다. 장점에 비해 단점에 무게를 두었을 때, 결정저울은 변화에 유리하게 기울어졌다.

7 │ 결론

결정저울은 최신의 동기강화 개정판에서 많이 강조되지 않았다(Miller & Rollnick, 2012). 결정저울은 내담자의 관점에서 개입의 초점이 되는 행동에 대한 일부를 밝히는 데 유용한 도구가 될 수 있다. 결정저울은 사회복지사의 판단이나 지시에 의지하지 않고도 내담자가 스스로의 행동을 적극적으로 평가하고 어떤 변화가 가능할지를 고려하도록 지원할 수 있다. 앞서 논의한 것과 같이, 결정저울의 구체적인 특성은 아동과 청소년, 그리고 성인에게 그리고 그들이 서비스 계획에 순응하는 데 도움이 된다.

CHAPTER

08

동기강화상담과
원조 과정

· · ·

CHAPTER

08 동기강화상담과 원조 과정

관계 형성, 평가, 목표 형성, 개입, 종결, 평가로 구성된 원조 과정의 절차는 개입을 위한 틀로 사회복지현장에서 사용되어 왔다(Coady & Lehmann, 2008). 최근 밀러Miller와 롤닉Rollnick(2012)이 동기강화상담에 대해 저술한 내용에서는 네 가지 단계의 절차에 대해 다루었는데 이는 관계 형성하기, 초점 맞추기, 유발하기, 그리고 계획하기로 구성된다. 본 장에서는 동기강화상담이 사회복지현장에서 더 잘 인식되고 적용될 수 있도록 원조 과정과 동기강화상담이 어떤 식으로 어우러지는지 보여준다.

1 관계 형성하기

관계 형성하기는 협력적 관계가 형성되는 원조 과정 중 단연 핵심적인 단계이다. 따뜻함과 염려, 그리고 연민을 가지고 대하는 것과 같이 상대방의 의견을 적극적으로 경청하겠다는 뜻을 나타내는 것은 기본 중의 기본이라 생각하며 간과할 수 있지만, 다수의 연구들은 서비스로부터 혜택을 누리는 데 있어 이러한 요소들이 결정적인 작용을 한다는 것을 입증했다(Miller, Duncan, &

Hubble, 2005).

밀러Miller와 롤닉Rollnick(2012)은 협력관계를 발전시키는 방향과 상반되는 특정한 함정에 대해 경고한다. 첫 번째는 "평가하기 함정"으로 사람의 과거에 대해 수집된 정보가 많을수록 (그리고 더 많은 질문을 할수록) 미래 문제를 해결하는 데 더 많은 도움이 된다는 것이다.

또 다른 함정은 낙인 찍기("알코올 중독자")에 너무 얽매이거나 내담자를 분류하는 것이다. 물론 일부 서비스 환경에서는 정신 장애 진단 및 통계 편람을 진단과정에 넣기를 요구하지만, 굳이 범주를 구체화하고 낙인을 찍듯이 사람을 바라볼 필요는 없다는 것이다(예: "이 사람은 양극성 장애 환자이다"). 6장에서는 중증 정신 질환을 앓고 있는 사람에 대한 강점기반 평가의 예를 제시했는데, 이는 사람들을 단순히 문제가 있거나 장애를 지닌 객체로 보는 것에서 벗어나 확장적으로 인식할 수 있도록 도와준다.

이와 관련된 또 다른 함정은 내담자의 요구를 묵살하는 것이다. 예를 들어 당신이 피해자 목격자/서비스 제공 기관에서 남편을 상대로 한 고소를 취하하려는 내담자를 상담한다고 하자. 폭력 주기는 부부 또는 연인 간 폭력을 설명하는 데 널리 사용된다. 그러나 여성 내담자와 충분한 관계를 형성하고 신뢰를 쌓는 데 초점을 두는 대신에 폭력 주기가 그녀가 남편과 관계 맺는 방식과 어떻게 맞아 떨어지는지 논쟁하는 데 더 많은 시간을 소요하게 된다면 내담자는 자신의 관계의 취약성에 대해 이야기할 만큼 사회복지사와 친밀하지 않다고 느낄 수 있다.

또 하나의 함정은 내담자가 저지른 범죄나 약물 남용에 대해 스스로 잘못을 인정하도록 많은 시간을 보내는 것이다. 이러한 경우 사람은 보통 방어적으로 변하며, 전 내용에서 다뤘듯이 누군가에게 판단된다고 느끼는 사람은 마음을 열지 않음은 물론 자신이 염려하는 점 또한 다루려고 하지 않을 것이다. 여기서 강조점은 해롭거나 불법적인 행동들을 용인하라는 것이 아니라 오히려 그들에게 여태껏 행한 일과는 상관없이 그들이 가치 있는 사람이라는 메시지를 전달하는 것이다.

의제 설정하기

동기강화상담 전문가들은 상담을 시작하면서 내담자와 사회복지사가 임시 의제를 나눠보길 권고한다. 그러나 사회복지사가 내담자와 자신이 만나는 이유를 설명하기 전에 우선 사회복지사부터 왜 자신이 내담자를 만나는지 알아야 한다. 가끔 인턴들은 만남의 목적을 "관계 형성," "안부 묻기," 또는 "알아 가기" 정도로 인식한다. 이 또한 중요한 첫 단계이지만 내담자와의 모든 작업에서는 이 이상의 목표가 있어야 한다. 작업에 대한 전반적인 목적을 정의하는 것 외에도 각 회기마다 그 목적을 정확히 명시해야 한다. 특히 서비스 참여를 의무적으로 이행해야 하는 내담자의 경우, 전문가가 방향성 없이 자신의 시간만 잡아먹는다고 생각하게 되면 불만을 가질 수 있기 때문에 목적을 상기시키는 부분은 중요하다. 게다가 사회복지사는 종종 사회적으로 취약하고 억압받는 사람들을 접하게 된다. 만약 사회복지사와 내담자의 만남이 임의적이고 무의미한 경우, 사회복지사는 내담자가 이전에 경험한 무력감을 다시 한번 느끼게 하는 실수를 저지를 수 있다.

목적을 설정하는 또 다른 측면은 협력적인 분위기를 조성하는 것이다. 당신은 당신이 "내담자를 위해" 또는 "내담자에게" 할 일을 명시하지 않는 대신에, 내담자와 함께할 일을 넌지시 언급할 수 있다. 예를 들어, "내담자분께서 관심을 두고 있는 변화를 이루기 위해 우리는 함께 의논하고 일할 수 있습니다."

시간 약속을 잡을 때는 가능하면 일의 목적을 덧붙이도록 해야 한다. 예를 들면, "내담자분의 자녀들을 위한 적절한 서비스를 정하기 위해서 4주 동안 만날 것입니다", "내담자분이 목표를 달성했다고 저희 둘 다 동의할 때까지", "우리가 이야기했던 계획이 어떻게 되어가고 있는지 보려고 한 번 더 방문을 하고 싶은데요."라고 말하는 것이다. 마지막으로, 사회복지사는 의제 설정 과정에서 융통성을 발휘하여 내담자가 우선적으로 염려되는 부분을 제기할 수 있도록 해야 한다. 의제 설정 사례는 [사례 8.1]에 제시되어 있고, [연습 8.1] 및 [연습 8.2]가 뒤따라 제공되어 이 정보를 가지고 내담자의 상황에 맞춰 적용될 수 있다.

의제 설정을 돕고 생산적인 토론을 촉진하기 위해 동기 강화 전문가는 특정 상황과 밀접한 주제마다 시각적 목록 또는 다이어그램을 제공하기 시작했다(Rollnick & Miller, 2007). 이러한 방식으로 내담자는 토론을 위한 일종의 틀을 제공받는다. 그 이후의 만남에서 사회복지사는 여전히 임시 의제를 설정하면서도 내담자가 자신의 우려를 털어놓을 수 있는 융통성을 제공한다. 그러한 목록의 예는 [사례 8.2~8.4]에 제시되어 있으며, 독자가 자신의 환경과 관련된 의제 항목을 작성하도록 하는 [연습 8.3]이 뒤를 잇는다.

사례 8.1 의제 설정하기

셀러는 86세의 백인 홀몸노인이다. 그는 최근에 심박 조율기 설치 절차를 밟았는데 몸 상태가 급격히 악화되면서 재활센터에 머무는 대신 집으로 돌아가게 되었다. 현재 부양자는 없으며, 친척들과의 관계는 껄끄러운 상황이다. 인턴 사회복지사는 첫 번째 만남에서 다음과 같은 의제를 제시했다: "안녕하세요, 어르신. 저는 초록 숲 사회복지 서비스 기관에서 왔습니다. 지난 사회복지사처럼 앞으로 몇 달간 매주 찾아와서 어르신께서 필요한 물품들을 가져오고 고지서 같은 것들도 처리해 드리려고 해요. 그런데 지금 이 시간엔 현재 상황에 좀 초점을 맞춰 보았으면 해요. 세라로부터 들은 이야긴데, 4일 전에 심박 조율기를 설치하시고 나서부터 건강 상태가 안 좋아지셨다면서요? 이 부분에 대해서 좀 더 말씀해 주실 수 있으신가요?

연습 8.1 병원 응급실

연습 안내: 다음 대화를 읽고 지문과 관련된 질문에 답하시오.
연습 1: 필립은 50세의 아르헨티나 중년 남성으로 최근에 알코올과 약물 남용으로 인한 간부전으로 병원에 입원하였다. 필립은 퇴원 준비가 되기 전에 의료 요양원에서 뛰쳐나간 후 병원에 입원했다. 그는 미국 시민권자로 30년

동안 미국에서 거주하였다. 그와 별거 중인 가족은 다른 주에 거주 중이다. 의료 요양원에서는 필립을 다시 받아 주지 않는 상황이다. 인턴의 역할은 필립을 도와 그에게 의료적 보조를 지원해 줄 수 있는 장소와 직원을 찾는 것이다. 인턴 사회복지사가 초기 배경 정보를 수집한 후, 다음과 같은 인터뷰가 진행되었다:

사회복지사: 수술은 어떤 이유로 받으셨나요?

필립: 폐에 물이 차서 한 것 같아요.

사회복지사: 왜 폐에 물이 찼는지 알고 계신가요?

필립: 제가 앓고 있는 질병과 관련이 있죠. *(배에 있는 큰 상처를 보여준다.)*

사회복지사: 아, 그렇군요.

필립: 끔찍한 녀석이죠.

사회복지사: 의학상 어떤 상황에 처해 계신지 아시나요?

필립: 폐 문제도 있고 간 문제도 있죠.

사회복지사: 아직도 알코올 섭취를 하시나요?

필립: 아니요, 알코올이나 약물 복용은 아예 안 하고 있어요. 아시잖아요, 그럴 수밖에 없는 상황인걸요.

사회복지사: 약물이나 알코올 문제와 관련되어서 치료받으신 적 있으신가요?

필립: 네, 그리고 더 이상 술 마시는 친구와 어울려 다니지도 않아요. 제 몸에 좋지 않거든요.

사회복지사: 무슨 말인지 다 알겠어요. 굉장히 어렵겠지만, 자신을 잘 돌보시고 계신 것 같네요.

필립: 네.

사회복지사: 현재 함께 살고 있는 사람이 있나요?

필립: 아니요, 제 가족은 뉴욕에 있어요. 제가 여기서 먼저 상태가 호전되기를 바라고 있죠.

사회복지사: 다시 의료 요양원으로 돌아갈 수 있다면 돌아가시겠어요?

▸ 논의 질문

• 인턴 사회복지사가 이 대화 속에서 나타낸 의제는 무엇인가?

• 대화 중 나타난 의제 설정 방식에 대해 바꾸고 싶은 부분이 있는가? 어떻게 말을 할 것이며 그 이유는 무엇인가?

연습 2: 피트는 56세의 백인 남성이다. 피트는 그의 아내와 함께 살고 있으며, 그는 자신의 아내가 힘이 되어 준다고 한다. 피트는 30년 동안 알코올을 남용해 왔지만, 근래에 들어 맥주 네다섯 캔 정도 마시는 정도로 알코올 섭취량을 줄였다. 최근 진료를 받은 이후 피트는 병원에 입원했다. 피트는 통증을 앓고 있었으며 혈구 수치 또한 높게 측정되었다. 검사 결과 피트의 간이 활동을 중지했으며 장기 이식이 필요한 것으로 판단했다. 장기 이식 명단에 이름을 올리기 위해서는 피트는 우선 완전히 절주해야 한다. 인턴의 목표 의제는 피트와 현재 음주에 대해 의논하고 음주 재활에 대한 정보를 제공하는 것이다.

피트: 정말 이야기할 시간이 없어요. 수술받으러 가야 해요.
사회복지사: 그럼 갈 때까지 이야기하는 건 어떤가요?
피트: 음, 그걸로 괜찮다면요.
사회복지사: 말씀드릴 게 좀 있어요. 어떻게 생각하시는지 좀 듣고, 알고 싶은데요.
피트: 사회복지 쪽에서 오셨어요? 의사 선생님께서는 제 간이 술 때문에 망가졌다고 하세요. 전에는 술은 좀 많이 마시긴 했지만 제 간이 이런 건 다른 이유도 있다고요.
사회복지사: 그게 무슨 말씀이세요?
피트: 전에는 양주니 맥주니 술이라면 뭐든 마셨죠.

사회복지사: 언제부터 음주를 시작하셨는데요?

피트: 스무 살 때부터요

사회복지사: 지금도 술을 마시나요?

피트: 조금요. 예전만큼은 아니에요.

사회복지사: 얼마나 드시는데요?

피트: 일주일에 맥주 네다섯 캔 정도 마셔요.

사회복지사: 완전히 절주하는 게 왜 중요한지 알고 계시나요?

피트: 네. 알고 있어요.

사회복지사: 완전히 끊으실 수 있으시겠어요?

피트: 제 힘으로는 안 되죠. 도움이 필요할 것 같아요.

사회복지사: 도움이 필요하다는 걸 알고 계신 것 같아 다행이네요. 이용 가능한 프로그램과 자원들은 많이 있어요.

피트: 네. 알고 있어요.

사회복지사: 전에 치료를 받으신 적이 있으신가요?

피트: 네, 단주회(AA)에 참가한 적이 있어요.

사회복지사: 참여한 지 얼마나 되셨죠?

피트: 몇 년 전에 일 년간 참석했었죠.

사회복지사: 왜 그만두셨나요?

피트: 종교적인 부분이 마음에 들지 않았어요.

▸ 논의 질문

• 이 대화에서 인턴은 어떻게 의제를 제시했나?

• 당신이라면 어떻게 의제를 설정할 것인가?

의제 설정하기

연습 안내: 내담자에게 말할 내용을 사회복지사의 행동에 맞춰 표 안에 채워 넣으시오.

행동	말
사회복지사 본인 소개 및 기관에서의 본인 역할 설명	
협력적인 어조로 임시 목표 제공	
시간대 설정	
융통성 제공	

사례 8.2 형사 사법 관련 의제 목록

자유시간 조정/새로운 취미 찾기/친구
친한 친구
오랜 이웃
일 찾기
낙인
돈
가족
생활 현황
약물 남용

사례 8.3 섭식 장애 관련 의제 목록

성장/어른이 되는 과정
신체적 성장
나는 누구인가?(정체성)
자아존중감
감정
이성관계/성
가족
인기(도)/사회적 압력
친구
학교
미래 목표
성 역할에 대한 기대

사례 8.4 청소년 사법 관련 의제 목록

근신 처벌 준수
대처 기술 학습
학급 적응
학업 수행/학교 출석
동료 평가
가족 관계
친사회적 활동/취미
약물 사용
지역사회자원을 통한 지원
사회복지사, 정신과 의사, 또는 치료 전문가에 의한 낙인

연습 8.3 환경에 따른 의제 항목 목록

연습 안내: 당신의 환경에 알맞은 의제 목록을 만들거나 당신 환경에 맞게 의제를 수정하시오.

환경:

공통 의제 주제:

1.

2.

3.

4.

5.

6.

7.

2 | 평가와 목표설정

평가하기 자체는 동기강화상담자가 제시하고 있는 변화의 단계라고 볼 수 없다. 내담자의 동기를 평가하는 것은 명백히 중요하지만 사회복지사의 주 관심사는 내담자와의 상호작용이다. 앞서 말한 바와 같이 내담자의 정보를 많이 가지고 있을수록 더 좋은 결과가 있을 거라는 믿음으로 정의되는 "평가하기 함정"을 피하는 것은 가능하다. 만약 기관에서 필수적으로 내담자에 관해 평가해야 하는 부분이 있다면, 6장에서 언급했듯이 내담자의 강점을 인정하는 쪽으로 평가 내용에 무게를 두는 방법도 있다. 본 워크북에서는 의사결정 균형 또한 행동과 변화의 긍정적 및 부정적 이유를 깊게 살펴 볼 수 있는 하나의 평가 도구로 제시하였다.

웨스트라(Westra, 2012)는 동기를 평가할 수 있는 여타 질문들을 다음과

같이 제시한다:

1. "오늘 여기 온 기분이 어떠신가요?"(p. 50)

   내담자와의 첫 만남에서 관심을 표현하는 것은 사회복지사의 배려를 나타내는 것이고 이를 통해 내담자의 불안, 불확실, 의심, 희망, 안심 등을 포함한 여러 감정선을 확인하고 안정시킬 기회를 얻는다. 또한, 도움의 전후 사정에 대한 내담자의 견해를 경청하겠다는 분위기를 조성할 수 있게 된다. 사람의 반응을 살펴보면 그 사람의 동기가 어느 정도인지 알 수 있다. 만약 내담자가 대체로 안심 및 희망과 같은 긍정적인 변화 이유에 대해 말을 한다면, 사회복지사는 이 감정을 더 깊이 탐색하고 강화시킬 수도 있다. 반면, 변화에 저항하는데 많은 시간을 흘려보내는 사람의 경우, 우려하고 있는 점들에 대해 더 많이 물어보고 알아봄으로써 그 사람이 이해 받고 있다고 느끼게 해주면서 그와 동시에 개입에 대한 계획도 세울 수 있다.

2. "변화하기 위해 어떤 노력을 해보셨나요?"(p. 51)

   지금까지 어떤 노력을 해 보았는지 물어보는 것은 그 사람의 노력을 인정해주는 표현이다. 또한, 이 질문은 그 사람이 과거에 어떤 노력을 해 왔는지, 그 과정에서 일어난 어려움이 무엇인지에 대한 정보를 파악할 수 있게 해준다. 노력의 흔적은 내담자에게 어느 정도 변화에 대한 동기가 있다는 표시다.

3. "전에 어떤 도움들을 받으셨나요?"

   어떤 때는 이미 다른 조력자를 경험해 본 내담자를 만나게 될 때가 있다. 다른 복지사로부터 인계를 받은 것일 수도 있고 아니면 다른 사회복지사의 담당 건수를 관리하는 데 도움을 주는 경우일 수도 있다. 사회복지사는 무엇이 내담자에게 유익한지에 대해 내담자 스스로가 전문가임을 알리기 위해 "어떤 도움이 유익하였나요?" 그리고 "어떤 도움이 유익하지 못하였나요?"라고 물으며 전에 했던 일들에 대해 물어볼 수 있다. 이전에 겪은 긍정적인 경험은 부정적인 경험과 비교해

보았을 때 일반적으로 동기와 더 연관되어 있다.

여러 문제에 처해 있는 내담자

사회복지현장에는 종종 내담자가 다양한 문제와 맞닥뜨리고 있는 경우가 있다. 빈곤은 대부분 이동수단, 보육, 실업과 같은 스트레스 요인과 연관되어 있다. 이러한 문제들 중 일정 부분은 옹호, 의뢰(위탁), 연계 서비스와 같은 사회복지 개입 방법을 통해 해결되기도 한다. 동시에 동기강화상담은 내담자가 어느 정도 통제가 가능한 행동들에 대해 도움을 줄 수 있으며, 이 행동들 또한 여러 가지로 나눌 수 있다. 이러한 상황에서 동기강화상담이 해야 할 부분은 문제의 우선 순위와 내담자가 바꾸고자 하는 부분이 무엇인지 결정하는 것이다.

문제의 우선 순위를 정하는 방법 중 하나는 내담자에게 직접 물어보는 것이다. 다음과 같은 예시가 대화에서 사용될 수 있다: "여기서 도움을 받고 싶은 부분에 대해 정말 많은 이야기를 하셨는데요, 어떤 문제를 가장 먼저 해결하고 싶으신가요?" 어떤 문제를 가장 먼저 제시해야 하는지 내담자가 아는 경우는 다반사. 하지만 여기서는 사회복지사의 임상적 판단 또한 역할을 발휘해야 한다. 예를 들어, 어떤 내담자는 회사 일과 교우관계에 대한 문제를 언급하지만, 실제 문제를 일으키는 근본적인 문제가 내담자의 공격적인 반응 방식에 있다면 분노에 초점을 맞추는 것이 더 적절할 것이다. 여러 문제에 처해 있는 내담자의 예시는 [사례 8.5]에서 다루고 있다.

다양한 문제 중 초점을 맞출 부분을 결정할 때, [연습 8.4]와 [연습 8.5]는 내담자가 우선적으로 다루고 싶어하는 것을 포함한 문제의 목록을 작성하도록 지시한다. 문제에 따라 내담자 동기 수준의 높고 낮음을 파악할 수 있다면 내담자는 사회복지사와 연결된 듯한 느낌을 받고 관계가 형성되며 사회복지사는 내담자의 강점을 점차 알아볼 수 있게 된다. 더불어, 한 영역에서의 진전은 다른 영역에서 유용하게 작용하기도 한다.

문제 우선 순위 정하기

로잘린은 26살로 우울증 때문에 지역 외래 정신 건강 센터를 찾고 있는 흑인 여성이다. 그녀는 12살, 8살, 그리고 6개월 된 아이 셋을 혼자 키우고 있다. 그녀는 막내 아이의 아버지와 만나고 헤어지기를 반복하고 있고 그에게 신체적으로 그리고 정서적으로 학대당하고 있다. 로잘린과 그녀의 가족은 근래에 이 지역으로 이사하였다. 로잘린은 과거에 정신과 의사에게 간헐적으로 진료를 받으며 우울증 처방 약 또한 받았었는데, 그녀의 말로는 도움이 되지 않았다고 한다. 로잘린은 현재 무직 상태이며 빈곤 가구 임시 지원 프로그램(TANF)으로부터 혜택을 받고 있다. 그녀는 종종 재정적인 도움을 얻기 위해 폭력적인 애인에게 많이 의존하고 있고 이 때문에 관계 속에 갇혀 있는 것만 같다고 말한다. 로잘린은 가정부 일로 여러 아르바이트 자리도 구해보았지만, 우울증 때문에 장기간 동안 일하는 것이 불가능했다. 그녀는 고졸 학력 인증서를 가지고 있고, 혜택이 보장되는 정규직 자리를 얻기 원한다.

연습 8.4 여러 가지 문제를 겪고 있는 내담자

연습 안내: 다음 대화를 읽고 지문에 대한 질문에 답하시오.

래리는 6개월 전 음주운전으로 세 번째 적발되면서 면허가 취소된 27세의 백인 남성이다. 면허증을 다시 받기 위해서는 약물 남용 프로그램에 참가해 이수해야만 한다. 지난 두 건의 음주운전 위법으로 프로그램에 배치되었을 때도 그는 계속해서 알코올을 섭취하였으며 일주일마다 의무적으로 참석해야 하는 AA단주회 모임에도 나오지 않았다. 이번을 마지막으로 본 기관은 사건을 종결하기 전 래리에게 의무 프로그램에 참여할 기회를 주었다. 래리는 단정한 옷차림으로 치료기관에 와서 상담을 받았으며, 또렷또렷하게 말하며 대화에 임했다. 다만 그는 다소 안절부절 못하고 끊임없이 손을 비비면서 자리에서 이리저리 움직였다. 그는 또한 자신의 상황에 대해 이야기 할 때, 왠지 산만한 것 같다고 하면서 생각의 흐름을 유지하는 데 약간의 어려움을 겪었다.

래리는 대마를 14살 때부터 사용했으며, 16살 때 알코올을 처음 접했다. 청소년 시기에 그는 약물 및 알코올 관련 범죄로 여러 번 체포되었고, 그 결과로 청소년 사법 시설에서 시간을 보내기도 하였다. 그는 초등학교 때 주의력 결핍 과잉활동 장애로 진단받았고 제일 심각한 수학을 포함해 모든 과목을 배우는 데 있어 어려움이 있었다. 몇 년 동안 리탈린을 복용하기도 하였지만 이제 더 이상 복용하지 않는다. 그는 고등학교 마지막 학년 때, 마약거래로 많은 돈을 맛보게 되자 학업의 중요성을 더 이상 느끼지 못하고 학교를 그만두었다. 그러다 나중에 마약 판매로 인해 감옥살이를 하는 도중 고등학교 과정을 마저 수료하며 졸업 증명서를 얻게 되었다.

그는 현재 부동산업자로 일하고 있지만 운전을 못 하게 되면서 사업에서 지속적인 손실을 겪고 있다. 래리는 운전면허증을 다시 받기 위해 프로그램을 완수할 의지는 가지고 있으나 자신이 음주를 잘 조절하는 법을 배웠다고 믿으며 자신의 주기적인 대마초 사용을 전혀 문제로 보지 않는다. 래리에게 음주를 잘 조절하는 법을 배웠다는 게 무슨 말인지 물어보았을 때, 그는 자신이 3번이나 음주운전으로 적발되면서 정신을 차리게 되었고 앞으로 법적으로 더 많은 문제를 일으키고 싶지 않다고 말했다. 래리는 자신이 주중에는 하루에 맥주 한두 잔 정도 마시고 주말에는 밤마다 6잔 정도 마신다고 했다. 그는 더 이상 술집에는 가지 않는다고 하는데 자신이 운전도 못 할 뿐더러 술집에서 술을 살 경제적 여력도 없다고 했다. 또는 최근에 들어서 교통 문제 때문에 친구들과 자주 만나지 못한다고 했다. 그가 알코올을 문제로 보지 않는 또 다른 이유는 그가 자신의 친구들에 비해 적게 마신다는 것이었다. 래리는 자신이 술과 관련 있는 문제가 있는 사람이 아니라 사회생활을 하기 위해 이따금 술을 마시는 사람이라고 생각한다.

요약하자면 래리는 자신이 약물 남용 프로그램에 있을 이유가 없다고 생각한다. 또한, 그는 과거에 프로그램에 참석한 일수를 인정해 현재 참여할 프로그램의 기간이 더 짧아져야 한다고 생각한다. 래리는 자신이 참석해야 하는 AA단주회에 대한 거부감을 내색하며 "나는 거기에 있는 사람들과는 달라요." 또는 "운전면허가 없는 상태에서 그 많은 모임들에 어떻게 다 참석할 수 있습니까?"라고 말한다.

래리는 두 형제 중 장남이다. 그의 부모님은 그가 11살이었을 때 이혼하여 가정은 경제적으로 어려움을 겪었다. 그는 어머니와 더 가깝다. 래리는 그의 어머니를 가장 든든한 지지자로 여기며 종종 도움을 구한다. 래리는 그의 어머니가 그의 면허정지에 대해 안타깝게 여기고 때때로 그가 필요한 곳으로 차를 태워주시기도 한다고 말한다. 그녀는 래리가 면허를 되찾을 수 있도록 치료를 지원하지만 래리 말에 의하면 "그녀도 제가 문제가 있다고 생각하지 않아요." 래리는 그의 아버지와 연락을 끊은 상태이고, 남동생을 불편하게 여긴다. 래리는 남동생을 스트레스의 근원으로 지목하며 남동생에 대해 많은 분노를 가지고 있다. 이는 래리와 남동생이 같이 한 사업이 잘 풀리지 않았고 래리는 이 모든 게 동생 탓이라고 생각하기 때문인 것 같다. 래리의 부계 가족 중 삼촌과 할아버지는 알코올 사용 장애의 병력이 있다.

래리는 현재 18개월 된 여자 친구와 3개월 된 딸과 함께 아파트에 살고 있다. 여자 친구와의 관계는 지난 6개월 동안 래리가 겪은 스트레스의 주된 원인이었다. 이 둘은 결혼까지 바라보고 약혼한 사이지만, 래리가 관계를 정리하고 싶어하여 파혼하게 되었다. 현재 동거 중이지만 사이가 좋지 않은 상황이고, 래리는 현재 둘 사이의 긴장감을 다루는 데 있어 어려움을 경험하고 있다. 래리에 의하면 그들은 래리의 부족한 수입, 알코올 섭취와 대마초 사용, 그리고 래리가 지난 결혼으로 인해 낳은 자녀에 대해 논쟁한다고 했다. 래리는 또한 자신이 여자 친구에게 폭력을 행사한 상황에 대해 너무 좌절감을 느끼고, 보통 술을 마실 때 더욱 난폭해진다는 사실을 인정하였다. 여자 친구는 그럴 때마다 경찰에 신고했고 래리는 가정폭력 건으로 두 번 체포되기도 하였다. 이러한 상황에 대해 질문받을 때 래리는 "저는 한 번도 제 여자 친구를 때린 적이 없어요."라고 말한다. 하지만 여자 친구를 벽에 밀어붙이고 얼굴을 가까이 들이밀며 위협적으로 행동한 적은 있다고 토로했다. 래리는 또한 여자 친구가 방문을 막아섰을 때 거칠게 밀어낸 적도 있었는데 언제 한 번은 여자 친구가 바닥에 내동댕이쳐지기도 했다.

래리는 이전 결혼으로부터 낳은 세 자녀가 있는데, 주말에 격주로 돌봐주고 있다. 래리의 표현에 따르면 그와 전 부인과의 관계는 아주 험악하다. 6살인 그의 첫째 아이는 3년 전에 백혈병을 진단받았다. 그동안 래리는 항우울제를 복용하면서 "속이 뒤집히는 상황"을 견디고 있었다. 아이의 암은 이제 완화되었고, 래리는 더 이상 약을 복용하지 않는다. 래리는 "내가 지금 다른 것에 신경을 곤두세우고 몰두하고 있는데", 그의 산만함과 안절부절못함이 항우울제로는 소용이 있는지 모르겠다고 했다. 그는 자신이 우울하지 않으며 그저 요즘은 스트레스를 받을 뿐이라고 한다. 래리는 대마초를 피우면 편안해진다고 하고, 이렇게 그를 편하게 해주는 건 대마초뿐이라고 했다. 그는 적어도 일주일에 두 번 이상 저녁에 대마초를 피웠다. 그는 약을 처방 받아 복용하는 것보다 대마초를 더 선호한다. 자신의 기분전환을 위해 하루에 딱 한 번만 대마를 피우며 이 양은 일 년 동안 변한 바가 없다며 내성 증상은 없다고 했다.

래리는 자신의 건강 상태가 훌륭하다고 생각하며 약 1년 전 신체검사에서 아무 문제도 발견되지 않았다고 전했다. 그는 천식이 있지만 운동하기 전에 흡입기를 사용하여 잘 관리한다. 그는 현재 다른 약을 복용하고 있지 않고 매일 운동하려 노력하고 지난달에 금연한 이후부터 운동하기가 한결 수월해진 것을 느끼고 있다. 래리는 수면 문제도 있다고 말한다. 잠들기가 어렵지는 않지만 자주 깨며 다시 잠자는 데 어려움을 겪는다. 그는 아침에 개운하게 일어나기 위해 필요한 "깊은 잠"에 들지 못한다고 생각한다. 래리는 또한 항상 불안감을 느끼고 자신이 그렇게 느끼지 않은 적이 없다고 불평한다. 그는 그의 자녀와 여자 친구와의 관계, 직업, 그리고 이 프로그램을 이수할 필요성에 대해 걱정한다. 그는 심지어 자신의 위, 머리, 목까지 걱정 때문에 영향을 받는 것 같다고 느낀다.

산만함과 과잉 행동 같은 증상이 눈에 띄고 어릴 때 주의력 결핍 및 과잉 행동 장애(ADHD)로 진단되었다는 사실을 감안할 때 사회복지 인턴은 부주의, 과잉 행동 및 충동에 대한 다른 증상에 대해 질문했다. 부주의에 관하여 래리는 많은 양의 정신적 에너지를 소모하는 업무를 피하고 있고 서류 업무에 집중하는 데 어려움을 겪고 있음을 토로했다. 그는 자신이 좀 더 체계적이었다면, 돈을 더 잘 벌 수 있을 거라고 말했다. 그리고 자신의 여자 친구가 말을 직접 전달함에도 불구하고 발생하는 그의 건망증과 부주의함에 대해 불평한다고 말했다. 과잉 행동과 관련하여 래리는 안절부절못하는 건 맞지만 다른 증상에 대해선 부인한다. 하지만 그는 저녁에 술을 마시지 않거나 대마를 피우지 않으면 불안한 점에 대해서는 인정했다.

• 아 사례에서 나타나는 문제들을 기술하라.

• 래리는 이 문제들 중 어느 부분에서 변화하고자 하는가?

• 래리는 이 문제들 중 어느 부분에서 변화를 위해 노력할 동기를 보이지 않는가?

연습 8.5 변화 대화

연습 안내: 다음 대화를 읽고 지문에 대한 질문에 답하시오.

제닐은 53세 백인 과부로 완전히 음주를 끊기 원하고 점점 심각해지는 우울증에 대해 도움받기를 원한다. 그녀는 남편이 심장마비로 4년 전에 세상을 떠난 뒤로 쭉 우울증을 겪고 있었고 이 증상은 그녀가 술을 끊어 보려고 한 지난 6개월간 더욱 악화하였다고 한다.

제닐은 15살 때부터 술을 과도하게 마셨고 다른 약물을 복용하지는 않았다. 제닐의 아버지와 삼촌은 알코올 남용자이고 29살 성인인 그녀의 딸은 과음이 잦다.

제닐이 개인 치료를 받기 시작했을 때 그녀는 지난 9달 동안 하루에 맥주를 약 10잔가량 마셨다. 그 기간 동안 그녀는 건강에 미칠 수 있는 부정적 영향을 알고 있었음에도 불구하고, 취하기 위해 점점 더 많은 양을 마셨다.

술을 끊으려고 할 때마다 음주에 대한 제닐의 충동성은 더 강렬해졌고, 술을 마시지 않을 때는 몸이 떨리는 경험을 한다고 한다. 제닐은 여러 해 동안 알코올을 남용한 적은 있지만 매일은 아니었다고 한다. 그녀는 자신이 일주일에 한두 번씩 술집에서 친구들 또는 혼자 기절할 때까지 혼합주를 마셨었기 때문에 폭음하는 사람에 더 가깝다고 말했다. 제닐은 지난 6개월간 음주를 거의 하지 않았지만 1개월 전에 치료를 시작한 이래 두 차례의 폭음을 했는데, 이 에피소드는 홀로 지내는 것과 외로움을 느끼는 것에 관련이 있었다.

제닐은 자신이 때때로 너무 많이 마시기 때문에 계속해서 "끔찍한" 느낌이 든다고 한다. "저는 술에 의존만 하고 끊지 못하는 유약한 사람인 게 분명해요. 지금 제 모습은 전혀 매력적이지 않아요." 음주에 관한 문제와 더불어, 제닐은 두 번째 남편을 떠나 보내고 생긴 장기적인 우울함에 엎친 데 덮친 격으로 외로움에 사무치는 경험을 한다고 말했다.

제닐은 신체적으로도 힘든 상황에 있다. 그녀는 8년 전에 제2형 당뇨병 진단을 받았고 현재 이 질병을 억제하기 위해 특별한 식이요법을 고수하고 있다. 그녀는 탈수증으로 인해 과거에 여러 차례 입원한 사실을 털어놓았는데, 탈수증은 제2형 당뇨병 환자에게 흔히 발생한다. 제닐은 자신이 충분한 물을 섭취하고 어지러움과 무력감과 같은 증상을 조심해야 한다고 말했다. 제닐은 4개월 전에 위궤양 수술을 받은 이후 메스꺼움과 구토를 경험한 적이 있다. 그녀의 전문의는 일정 기간 동안 위와 관련된 메스꺼움을 경험할 수 있다고 알려주었다. 그녀는 전에 음식을 엄청나게 좋아했었지만, 위 수술 이후 식욕도 줄어들고 음식에 대한 전반적인 흥미도 떨어졌다고 말한다. 이에 대해 제닐은 상당히 좌절감을 느끼고, 어떨 때는 지켜야 할 식이요법을 무시한 채 아픈 한이 있더라도 먹고 싶은 것을 다 먹는다고 했다. 이 때문에 담당 의사가 알코올 섭취가 위에 몹시 해롭다고 경고까지 하였고 이것이 절주에 대한 동기로 작용하기도 하지만 제닐은 어떻게 할 수가 없다고 말했다. 그녀는 주기적으로 의사를 보지만 의사와 처음에 같이 세운 치료 계획을 지속적으로 이행하는 데 있어 어려움이 있다. 제닐은 현재 한 커피숍에서 웨이트리스로 일하고 있다. 제닐은 확고한 노동관을 갖고 있는 것으로 보이며 청소년기와 성인기 동안 다양한 직업을 경험하였다. 고등학교 졸업장만 가지고 있었기 때문에 그녀의 모든 직업은 기술이 필요 없는 단순 노동이었고, 그녀말에 따르면 아이들이 항상 자신을 필요로 해서 한 직장에서 오래 근무하지 못했다고 했다. 그녀의 세 자녀는 이제 모두 성인이지만 제닐은 두 손자들을 돌보고 있고 이 두 아이의 삶에 깊숙이 관여하고 있는 상황이다. 제닐은 때때로 늦잠이나 숙취로 지각한 적이 많지만 이러한 행동으로 인해 직장을 잃은 적은 한 번도 없었다. 그녀의 말에 따르면 그녀는 직장에서 호감을 주고 좋은 직원으로도 평을 받는다고 했다. 여기에 그녀는 슬픔을 잊게 해주는 방안으로 "남편이 죽은 이후로 일하는 것이 특히 도움이 되었다"고 덧붙였다. 그녀는 아침에 일하러 가지 않을 경우 혼자 침대에 누워서 여러 시간 동안 슬픔에 사로잡혀 삶의 "목적"이 불분명하다는 사실에 눈물을 흘린다고 인정하였다.

제닐은 현재 아파트에서 혼자 살고 그녀의 자녀들과는 정기적으로 연락한다. 가족과의 관계는 그녀를 지지해 주기도 하지만 이와 동시에 스트레스의 근원이기도 하다. 자녀들은 주로 금전적인 도움이 필요하거나 다급한 상황에서만 제닐을 찾는다. 제닐은 이성교제도 하고 있는데, 그 남자친구는 아내와 별거 중이지만 계속해서 관계를 유지하고 있다. 제닐은 이 남자친구와의 관계가 일시적이고 피상적이라고 생각하고 있으며, 앞으로 남성과 친밀한 관계를 맺기 어려울 것이라 생각하고 있다. 두 번째 남편의 죽음에 대해 슬퍼하는 것 외에도 제닐은 최근에 가까운 친구 또한 잃게 되어 그에 대해 슬퍼하고 있다. 제닐은 현재 친구가 거의 없으며 교회가 그나마 정서적으로 지지를 해줄 수 있는 자원이지만 이 공동체에 잘 참여하지 않고 있는 상황이다. 제닐에게는 평상시에 움직일 수 있는 교통수단이 없어 이동하기 위해선 친구와 가족에게 의존해야 한다.

이와 같은 상황 속에서도 제닐은 몇 가지 활동을 즐기고 있는데, 그 중 낚시와 요리가 가장 많은 비중을 차지한다. 그녀는 할머니로서의 역할을 중요하게 생각한다. 제닐은 신체 건강, 자녀와의 관계로 인한 많은 스트레스 및 전반적인 생활 환경을 능청스럽게 받아들이는 유머 감각 또한 유지하고 있다.

제닐은 시골에서 자랐고 침례교인으로 태어나서 지금까지 침례교인의 정체성을 유지하고 있다. 그녀는 자신을 종교적인 사람으로 여기며 전에는 규칙적으로 교회에 나갔다. 제닐은 정서적·신체적으로 폭력적인 가정에서 자랐다. 그녀의 아버지는 알코올 의존자였고 제닐과 두 오빠 그리고 어머니에게까지 정서적 및 신체적 학대를 가했다. 제닐은 알코올 사용을 그녀의 가정 상황으로부터 받은 트라우마와 스트레스를 극복하는 한 방안으로 생각하고 있다. 제닐이 사는 지역에서는 심지어 청소년들조차 쉽게 알코올을 구할 수 있었고 술을 마시기 시작한 후 위스키와 와인에 취하는 것을 아주 빨리 즐기기 시작했다고 한다. 제닐과 그녀의 친구들은 종종 서로의 집과 가까운 숲에서 술을 마시고 이를 들키거나 이 때문에 혼난 적은 거의 없었다.

▸ 논의 질문
• 복지 서비스의 초점이 될 문제점을 나열하시오.
  1.
  2.
  3.
  4.
  5.
• 이 중 제닐이 위반한 사항이 무엇인가?

• 이 중 어떤 부분에서 제닐의 동기가 부족한 것 같은가?

동기강화상담은 사전에 특정 목표를 수립하는 것은 시기상조라 여긴다. 대신, 사회복지사는 내담자의 현 위치로부터 너무 멀리 떨어져 있지 않으면서도 내담자가 도달할 수 있는 지점까지 안내하고 변화 계획에 전념할 수 있도록 심혈을 기울인다.

동기강화상담에서 암시하는 것은 행동의 개선 또는 감소(자제)가 바람직한 결과라는 것이다. 그러나 궁극적으로 바람직한 결과로 이어지는지에 대한

여부는 내담자의 선택에 달려있다. 그 과정 중 세울 수 있는 일부 중간 목표는 다음을 포함한다:

1. 변화에 대한 양가감정을 지속적으로 살펴본다.
2. 변화에 대한 계획을 세운다.
3. 궁극적인 결과로 이어질 행동 변화에 대해 작업한다. 예를 들면, 비록 당장 술을 끊을 수 없는 내담자일지라도 친구들과 술집에 가는 것을 대신할 활동을 찾아보는 것이다.
4. 내담자가 이미 동기를 가지고 있는 행동 변화에 공을 들인다.

[연습 8.6]은 어떻게 사회복지사가 내담자와 중간 목표 설정까지 도달할 수 있는지에 대해 탐구한다.

연습 8.6 중간 목표 세우기

연습 1: 이전에 본 래리의 사례에서, 래리는 어느 부분에서 변화의 동기를 가지고 있는가?
현재 목표를 이루기 위해 래리가 가지고 있는 동기를 그가 변화에 관심이 없는 부분과 어떻게 연결하겠는가?

연습 2: 제 7장에서 씹는 담배의 사례를 기억하라. 이 시점에서 앞으로 내담자가 초점을 맞출 부분을 결정하기 위해 어떤 목표들을 세울 것인가?

연습 3: 제 7장에서 분노 조절 사례를 상기해 보라. 내담자에게 제시될 수 있는 잠재적 목표들을 나열해 보라.

미래지향적 가상 질문: 현재 문제 제쳐두기

동기강화상담가는 내담자가 현재 겪고 있는 문제들을 뒤로 제쳐두고 변화와 해결방안에 집중하게 하기 위해서 내담자에게 변화가 일어난 미래 속 자신을 상상해 보도록 한다([안내 8.1]과 [사례 8.6] 참조). 문제로부터 자유로운 미래 상황을 구체적으로 상상할 때, 내담자는 가끔씩 현재 문제들이 미래에는 달라져 있는 것을 볼 수 있다. 이를 통해 이들은 자체적 치료 요인이 될 수 있는 '희망'을 경험하게 되고 바람직한 결과를 이룰 새로운 방법을 찾아낼 수도 있다.

안내 8.1 미래지향적 가상 질문

- 어떤 점이 더 나아지면 좋겠습니까?
- 구체적으로 어떤 부분에서 변화를 원하시나요?
- 만약 변화가 실현된다면 그로 인한 최상의 결과는 무엇인가요?
- 만약 이루고 싶은 변화를 완벽하게 해내신다면 어떤 점들이 달라질까요?

사례 8.6 미래지향적 가상 질문이 포함된 대화

사회복지사: 아 그러시군요. 정말 잘 이해하고 있는 것 같아요. 금연을 하시면 어떠실 것 같으세요?

내담자: 제 상태가 정상이라고 느낄 것 같고 행복해질 것 같아요.

사회복지사: 정상이라 느끼고 행복해지시면 그 다음은 어떻게 하실 건가요?

내담자: 현관문 앞에 앉아 있을 거예요. 청결한 상태겠죠. 교회에 가고 다른 사람들에게 말도 붙여볼 겁니다. 얌전히 앉아 있을 수도 있을 것 같아요.

3 개입

개입의 지원단계는 대부분 변화계획 수립 중에 나타난다. 그러나 특정 내담자와의 작업에서는 그 지점에 도달하지 못할 수도 있다. 사람들은 자신이 인지하고 있는 행동을 바꿀지 말지 스스로 결정한다. 따라서 먼저 여기서는 사람들이 변화계획에 기꺼이 참여하도록 이끄는 방법을 설명한다.

내담자의 변화준비 언어

내담자들이 변화를 준비 중일 때, 그들은 밀러Miller와 롤닉Rollnick이 머리글자를 따서 DARN ― 변화에 대한 열망(desire), 변화 능력(ability), 변화 이유(reason), 변화 필요(need) ― 이라고 부르는 진술을 하게 된다. 밀러Miller와 롤닉Rollnick은 DARN의 사용이 행동의 변화로 이어지는 "변화에 헌신하기" 전에 선행된다는 것을 발견하였다. DARN은 내담자의 변화를 이끌어내기 위해 사용할 수 있는 반응과 함께 [안내 8.2]에 나와 있다.

동기강화상담자들은 변화의 연속선상에서 더 발전된 단계인 "CAT"이라는 언어에도 귀를 기울인다. CAT은 결심공약(commitment), 변화의지를 보이는 말 등을 포함한 실행활성화언어(Activation)의 신호, 그리고 변화를 향한 구체적인 실천(Taking Steps) 언급을 포함한다. CAT 언어의 사용은 내담자가 변화에 동원되기 직전임을 나타낸다. 사회복지사가 내담자를 변화로 이끌 수 있는 질문과 함께 CAT 언어는 [안내 8.2]에 열거되어 있다.

준비 및 실행 변화진술에 응답하기

변화 언어		질문
변화 열망	저는 ~하고 싶어요. 제 소원은 ~이에요. 저는 정말 ~원해요.	왜 이러한 변화를 원하시나요?
변화 능력	저는 ~할 수 있을 것 같아요. 저는 ~해낼 수 있다고 생각해요.	어떻게 해내실 수 있으신가요?
변화 이유	제가 변한다면 기분이 좋아질 것 같아요.	변화해야 하는 좋은 이유 한 가지를 말해보시겠어요?
변화의 필요	저는 ~할 필요가 있어요. / 반드시 ~해야 해요. / ~해야만 해요.	얼만큼 중요하고 왜 그런가요? (0-10)
변화 결심공약	~하길 바라요. ~하려고 계획하고 있어요. ~을 시도해 보려고 해요.	무엇을 하실 생각이세요?
실행활성화 언어	의지, 준비된 상태, 준비과정	어떤 준비가 되어 있으신가요? 어떤 의지를 가지고 계신가요?
실천하기	내담자가 이미 변화 방향의 어떤 행동을 실천함	벌써 시도하신 부분이 있으신가요?

척도 질문

동기강화상담은 몇 가지 특정한 척도 질문을 통해 변화의 중요성에 있어 내담자가 어떤 입장을 취하고 있는지(동기 수준) 그리고 얼만큼 변화에 대한 자신감(자기효능감)이 있는지 평가할 수 있도록 돕는다. 척도의 장점은 지금까지 모호하게 논의되어 왔던 주제들을 실질적이고 확고하게 나타낼 수 있다는 데 있다. 내담자의 관점과 문제와 관련된 다른 사람의 관점을 물어보는 것은 관점의 차이를 확인하는 데 유용하다. 여러 관점을 내담자와 자세히 나누게 될 때, 내담자는 자신의 문제 행동에 대한 관점을 바꿀 수도 있다.

[안내 8.3]에서는 척도 질문을 단계별로 나누고 내담자에게 적용해 볼 수 있도록 빈 칸을 만들어 놓았다.

안내 8.3 연습: 내담자와 "중요도 척도" 그리고/또는 "자신감 척도" 완성하기

중요도 척도

1. 어떤 행동이 변화의 핵심입니까? _____
2. 지금 당장 변화하는 것이 얼만큼 중요합니까(1-10)? _____
3. 후속 질문:
   - 어떤 이유로 그 숫자를 선택하셨나요?
   - 1점을 높이기 위해 무엇이 필요할까요?
   - _____씨는 지금 당신에게 있어 이 변화는 어느 정도 중요하다고 할 것 같나요?
   - _____씨는 1점을 높이기 위해 무엇이 필요하다고 할까요?
4. 중요도가 낮을 경우(7~9보다 낮을 때):
   - 어떨 때 이 점수가 바뀔 것 같나요?
   - '지금 이 때다'라고 느끼기 위해선 무엇이 바뀌어야 할까요?
   - 그 때가 언제 왔는지 알기 위해 무엇을 주시해야 하나요?

자신감 척도

1. 지금 당장 변화할 수 있다는 자신감이 어느 정도인가요(1-10)?
2. 후속 질문:
   - 무엇 때문에 그 점수를 선택하셨나요?
   - 1점을 높이기 위해 무엇이 필요할까요?
3. 자신감이 낮을 경우, 자신감을 높일 수 있는 방향으로 질문하라:
   - 이러한 변화를 만드신 적 있나요? 그렇다면 개인적인 자질과 지원면에서 무엇을 얻으셨나요?
   - 자신감을 얻는 데 방해가 되는 것에 대해 브레인스토밍/문제해결.

계획하기

지금까지 동기강화상담은 독립적인 치료 수단으로도 사용되어 왔고, 내담자를 다른 치료에 참여시키기 위한 방안으로도 활용되어 왔기 때문에 내담자가 변화를 결심했다면(Walitzer, Dermem, & Conners, 1999) 다른 치료 방법을 선택하거나 내담자에게 적합한 계획을 수립하도록 도울 수 있다. 인지행동치료에 앞서 동기강화상담을 활용하는 방법은 동기강화상담 연구에서 일반적이었다(Lundahl et al., 2009).

하지만 동기강화상담만을 가지고 계속해서 접근할 경우, 내담자가 변화에 대한 아이디어를 창출하도록 더 많은 자율성을 제공할 수도 있다. 내담자가 계획 세우는 것을 돕기 위해 [안내 8.4]에 제시된 질문을 각 질문마다 세 문장으로 답하는 지침을 지키며 선택하여 사용할 수 있다.

사회복지사와 내담자는 함께 브레인스토밍 과정을 통해 방안과 선택사항을 만들어야 할 필요가 있을 수 있다. 브레인스토밍은 변화가 어떻게 이루어질지에 대해 최대한 많은 방안을 자유롭게 창안해내는 것을 포함한다. 여기서 가장 많은 방법을 제시하는 사람은 내담자여야 한다. 브레인스토밍을 유발하는 방법은 [안내 8.5]에 제시되어 있다.

웨스트라Westra(2012)는 어떤 사람들에게 브레인스토밍은 너무 많은 압박감을 줄 수 있으며 변화 과정에 대한 준비가 되지 않았을 수도 있다고 경고한다. 그러한 이유로 웨스트라Westra는 "아직 행동으로 옮길 준비가 되어 있지 않아도 가능한 한 많은 아이디어를 지금 생각해 보세요."라고 덧붙이길 권고한다.

안내 8.4 계획 수립을 위한 첫 단계 질문들

- 어떤 부분을 변화의 시작으로 보시나요?
- 어떻게 이 변화를 만들 수 있을까요?
- 첫 단계로 할 수 있는 좋은 것은 무엇이 있을까요?
- 미래에 어떤 어려움들이 있을 것 같나요? 어떻게 그 어려움들을 다루실 건가요?

브레인스토밍을 하도록 이끄는 방법

길잡이	질문
시작하기	"지금은 서로의 아이디어를 뽑아볼 겁니다. 우습거나 불가능할 것 같은 생각도 마음껏 말해봅시다. 최대한 많은 양의 목록들을 만들어 냈으면 좋겠군요."
다른 사람의 관점 묻기	"당신의 어머니 / 선생님 / 사례관리자는 이 부분에 대해서 어떻게 말할 것 같나요?"
이전의 문제 해결 시도	"이런 문제들을 전에는 어떻게 해결하셨나요?"
소용없는 것이 무엇인지 묻기	"절대 하지 말아야 할 것이 있나요?" "무엇이 소용없을까요?"
즉흥성과 창의성 격려하기	"지금 당장은 어떤 생각에 대해서도 비판하고 싶지 않아요. 그냥 최대한 많은 아이디어를 냈으면 좋겠어요."

정보 제공하기와 조언하기

사회복지사로서 가지고 있는 지식과 전문성으로 인해 때때로 사회복지사는 변화 노력 중에 있는 내담자에게 필요한 유익한 정보와 자원을 가지고 있는 경우가 있다. 협동정신에 입각하여 그러한 정보와 의뢰자원은 내담자를 존중하는 형태로 전달할 수 있고, 이러한 정보를 수용할 준비가 되어 있는 내담자에게 정보와 자원을 제시하여 내담자가 스스로의 전문가로서 행동할 수 있도록 용기를 북돋아 줄 수도 있다. 이런 방법으로 협동적인 정보제공은 사회복지에서 핵심 가치라 할 수 있는 '서비스' 그리고 '개인의 존엄성과 가치', 이 두 가지의 역할을 조화롭게 수행한다.

정보 제공을 위한 지침

- 둘 사이에 협력적 관계가 먼저 자리잡아야 한다.
- 내담자가 무엇을 해야 하는지 스스로 아이디어를 내도록 이끌어야 한다.
- 특정한 주제와 관련해 지식이 있는지 물어보고 그들에게 어떻게 적용되는지 물어본다.
- 정보제공은 적절한 시기에 드물게 실행한다.
- 허락을 구한다("혹시 괜찮다면 지금 떠오르는 제 생각을 말해도 괜찮을까요?").
- 내담자의 선택권 / 자율성을 강조한다("이것이 적합한지 아닌지는 당신이 결정해야 합니다.").
- 여러 가지 선택지를 제공한다.

계획을 수립한 이후, 계획에 대한 결심이 더 확고해지지 않으면 변화는 이뤄지지 않을 확률이 높다. 때문에 사회복지사는 다음과 같은 질문들을 꼭 물어보아야 한다:

"이 계획에 대해 불안한 점이 있나요?"

"이 계획에 따라 해보는 것에 대해 어떻게 생각하세요?"

"언제부터 시작하실 건가요?"

그 다음, 사회복지사는 (전에 설명했던) 자신감 척도를 이용해 다음과 같은 질문을 할 수 있다:

"이 계획대로 실천하는데 얼만큼 자신이 있나요?"

"이 점수까지는 어떻게 도달하신 것 같아요?"

"숫자를 하나 정도 올리기 위해선 어떤 것들을 해야 할까요?"

어떨 때는 내담자가 계획에 전념하지 못 할 경우도 있다. 이러한 상황에서 물어볼 수 있는 후속 질문은 다음과 같다:

"이 변화가 언제쯤 이뤄질 것 같으세요?"

"지금이 변화해야 할 타이밍이라고 느끼기 위해선 어떤 변화가 필요할까요?"

"그 때가 언제 왔는지 알기 위해선 무엇을 주시해야 하나요?"

확고한 결심은 결정된 계획에 따르는 내담자에게 큰 효과가 있다. 하지만 내담자가 서로 동의한 계획에 잘 따르지 않을 수도 있다는 점 또한 사실이다. 이러한 상황에서는 내담자의 동기를 다시 한 번 살펴보고 논의하는 것이 필요하다. [연습 8.7~8.9]에서는 무엇이 동기를 뒤흔드는지 볼 수 있는 사례들을 집중적으로 다루고 있다.

연습 8.7 흔들리는 동기 다루기

연습 안내: 다음 대화의 어디에서 내담자의 동기 수준이 드러나는가? 이 동기 수준을 맞추기 위해서 중요한 시점에 당신이 바꾸어 말할 내용을 적으시오.

사회복지인턴: 다음 단계를 어떻게 진행하실지 결정하실 수 있도록 많은 걸 준비했습니다. 지금 살고 계신 지역에 계속 머무시고 싶어하는 걸 알고 있어서 이 곳에 있는 치료 프로그램들만 추려서 가져와 보았어요.

킴: 솔직히 말씀드리면 아직도 잘 모르겠네요. 제가 이걸 원하는가에 대한 확신도 없고요.

사회복지인턴: 지난번 몇 번 만나서 이야기를 나누고 제가 이해한 바로는 선생님께서는 삶의 변화를 원하셨고 현재 가지고 있는 문제에 대해서도 인지하고 계셨어요. 그렇지만 아직은 치료를 통한 변화를 경험하시는 것에 대해 불안감이 있으신 거군요. 맞나요?

킴: 네, 그렇죠. *(팔짱을 낌)*

사회복지인턴: 이 대화 자체를 나중으로 미루고 싶어하시는 것처럼 보여요. 오늘 당장 결정을 내리지 않으셔도 괜찮아요. 선생님께서 생각하셔야 할 부분이기도 하고요. 그렇지만 선생님께서 적어도 어떤 선택지들이 있는지 알아두셨으면 해요.

(킴이 동의한다는 듯이 고개를 끄덕임)

사회복지인턴: 이 지역에 어떤 종류의 치료 프로그램이 있는지 쭉 살펴볼 거니까 편하게 들어 주셨으면 해요. 오늘 당장 결정하지 않으셔도 돼요.

킴: 알겠습니다.

사회복지인턴: 우선 일주일에 두 번씩 만나는 복지국에서 진행하는 약물 남용 치료 프로그램이 있어요. 이 모임에서는 중독에 대해 배우고, 중독에서 회복 중인 동료들 그리고 중독 전문가와 친분을 쌓고 지지 네트워크를 형성할 수 있게 되어 있어요. AA단주회와 비슷하다고 보시면 돼요. 이 프로그램으로 하려면 평가 상담을 할 수 있도록 전화로 신청하면 돼요. 또 다른 선택은 28일 동안 입원해 진행되는 프로그램인데요. 이 프로그램은 선생님의 의료 지원도 가능해서 돈 걱정은 하실 필요가 없습니다. 이 것도 마찬가지로 등록하려면 인터뷰 날짜를 잡아야 해요. 이렇게 들어보셨는데 어떠세요?

킴: 제가 뭔가를 할 필요는 있다고 생각합니다. 하지만 아직 입원까지는 무리인 것 같아요.

사회복지인턴: 지난 번에 입원 기관에 있었던 적이 있다고 말씀하신 게 기억나네요. 그때는 어떠셨나요?

킴: 도움이 되긴 했어요. 잠시 동안 약으로부터 벗어나기도 했죠.

사회복지인턴: 아, 도움이 되긴 했군요. 다시 한 번 시도해 보도록 결심하는데 도움이 될만한 게 있을까요?

킴: 저는 모르겠네요. 남편과 먼저 이야기를 해 보아야 할 것 같아요.

사회복지인턴: 네, 좋아요. 선생님을 지지하는 모든 가족 분들이 이 일에 같이 참여하는 건 중요하다고 생각해요. 그리고 불확실하게 느껴도 괜찮다는 걸 말씀 드리고 싶어요. 치료에 대해 고민하는 것만으로도 큰 진전이고 이것이 문제라는 것을 깨달으시면서 많이 나아가신 거예요. 그러면 금요일에 다시 만나서 그때까지 선생님이 남편 분이랑 이야기해보고 결정하신 부분에 대해 알려주시는 건 어떨까요? 거기서부터 또 이야기를 해 보죠.

킴: 감사합니다. 제가 오늘 기분이 너무 안 좋아서 죄송해요.

• 지난번 만남에서 이야기를 나눈 개입에 대해 내담자가 응할 동기가 없다는
  신호가 대화 어디에서 나타나는가?

• 이 신호를 알아차리고 난 후, 당신이라면 어떤 말을 할 것인가?

• 위 방법으로 응답 양식을 변경했을 때, 내담자는 어떻게 반응하겠는가?

연습 8.8 흔들리는 동기 다루기(계속)

연습 안내: 다음 대화의 어디에서 내담자의 동기 수준이 드러나는가? 이 동
기 수준을 맞추기 위해서 중요한 시점에 당신이 바꾸어 말할 내용을 적으
시오.
사례: 존은 47세 백인 남성으로 이 지역에서 진행하는 알코올 금단증상을 위
한 해독 프로그램에 참여하고 있다.

사회복지인턴: 여기에서 며칠간 계셨는데, 해독 프로그램에서 나오고 난 이후
　　의 계획이 어떻게 되세요?
존: 집에 갈 겁니다. 제 집이요. 이곳은 도움이 안돼요. 이런 곳에 수도 없이
　　많이 와봤죠. 전 멀쩡해요.
사회복지인턴: 치료 프로그램에 참석하는 게 못마땅하신 것 같네요.
존: 네. 전 집에 갈 거고, 가서 일할 겁니다. 저는 자영업자로 언제든지 일할

수 있어요. 통풍구를 청소하고 설치하는데 이걸로도 수입이 짭짤하죠.

사회복지인턴: 절주에 도움이 될 수 있는 계획은 있으신가요?

존: 제가 멀쩡한 거 아시잖아요.

사회복지인턴: 후원자는 있으세요?

존: 아니요.

사회복지인턴: 근처 AA단주회 모임에 대해 알아볼 수 있는 후원자를 구하시는 것에 대해선 어떻게 생각하시나요?

존: 음… 잘 모르겠습니다.

사회복지인턴: 가까운 AA단주회 모임에 대한 정보를 원하신다면 저희 쪽에서 가지고 있는 "언제 어디서나" 도서를 사용하실 수 있으세요.

존: 알겠습니다. 고마워요.

▸ 논의 질문

• 지난 번 만남에서 이야기를 나눈 개입에 대해 내담자가 응할 동기가 없다는 신호가 대화 어디에서 나타나는가?

• 이 신호를 알아차리고 난 후, 당신이라면 어떤 말을 할 것인가?

• 앞서 방법으로 응답 양식을 변경했을 때, 내담자는 어떻게 반응하겠는가?

서비스 이어가기: 동기 재검토하기

연습 안내: 다음 대화를 읽고 지문에 대한 질문에 답하시오.

예 1: 다음 시나리오에서 인턴 사회복지사는 준 독립주거를 제공하는 정신건강 기관에서 일하고 있다. 인턴의 내담자는 49세 남미 여성인 벨라스케즈 부인이다. 부인은 눈길에서 넘어져 무릎이 부서졌고 다리 골절 상태에서 회복 중이다. 잠시 동안 병원에서 머물기도 했지만 현재는 기관에서 생활을 하고 있다.

사회복지인턴: 벨라스케즈 씨, 안녕하세요.

벨라스케즈: 안녕하세요, 여기 와서 앉으세요.

사회복지인턴: 찾아 뵐 수 있어서 다행이에요. 조금 전에 들렀었거든요.

벨라스케즈: 담배 때문에 잠깐 자리를 비웠어요.

사회복지인턴: 무릎은 좀 어떠세요?

벨라스케즈: 지난 주에 비해 훨씬 좋아졌어요.

사회복지인턴: 어제 받은 물리치료는 어떠셨어요?

벨라스케즈: 어제는 안 갔어요. 택시가 절 태우러 오긴 했는데 그 때 제 상태가 안 좋았었어요.

사회복지인턴: 물리치료에 빠진 지 이번이 세 번째네요. 치료에 참석하는데 어려운 부분이 있으신가요?

벨라스케즈: 아니요, 없어요. 다음주에는 갈 거예요.

▸ 논의 질문

• 어떤 부분에서 접근을 달리 할 것인가?

• 구체적으로 무슨 말을 할 것인가?

예 2: 나탈리아는 19세 남미 소녀로 학대적인 가정에서 분리되어 가정위탁보호서비스에 들어가 있다. 현재 아파트 생활을 기반으로 한 독립 생활 프로그램에 참여하고 있는데, 이 프로그램은 보육원에 있는 청소년이 거주 보호 생활 환경에서 독립적인 생활로 전환하는데 익숙해질 수 있도록 도움을 준다. 다음 시나리오에서 인턴은 어떻게 내담자와 협력관계를 유지하면서 비난하는 느낌을 주지 않을 수 있는가?

사회복지인턴: 그래서 어디 있다 왔니?

나탈리야: 그게 무슨 말씀이세요?

사회복지인턴: 우리가 너를 만나러 들렀을 때, 계속 없어서 하는 말이야.

나탈리야: 무슨 말씀이세요? 전 계속 여기 있었는데요?

사회복지인턴: 들렀을 때마다 계속 쪽지 남겼었는데.

나탈리야: 네. 알아요. 봤어요.

사회복지인턴: 근데 나탈리아, 밤에 집에 없었더구나.

나탈리야: 그게 무슨 소리세요?

사회복지인턴: 통금시간 내에 집에 돌아와 있어야 하는데 야간 직원이 새벽 5시에 확인해 보았더니 네가 집에 없었다고 했단다.

나탈리야: 네. 그렇긴 한데 두 번 밖에 그런 적 없는데요.

사회복지인턴: 그래서 어디 있다가 온 거니?

나탈리야: 어머니 집에 가서 제 아들을 돌봐주고 왔어요. 다른 사람들은 다 일하고 있어서요.

사회복지인턴: 지난 주에 사회복지사하고 운전사와 상담을 놓친 이유가 그것 때문이었니?

나탈리야: 네, 하지만 전 사회복지사분께는 연락했는걸요.

사회복지인턴: 그 사회복지사와 이야기를 나눈 상태인데 네가 프로그램에 계속 불참하고 있어서 지금은 퇴출 수속을 밟고 있는 상태란다.

나탈리야: 그럼 어떻게 되는 거죠?

사회복지인턴: 통금시간에 맞춰서 들어오고 있지도 않고, 그룹 모임에도 참석하고 있지 않기 때문에 아마 프로그램에서 빠지게 되겠지.

나탈리야: 이제는 참여할 거예요. 지난 주에는 아무도 제 아들을 돌볼 사람이

없어서 그랬던 것뿐이에요.

사회복지인턴: 왜 전화하지 않았니?

나탈리아: 제 사회복지사한테 전화해서 메시지를 남겼는데요.

사회복지인턴: 왜 나한테는 말 안 했니? 전화만 했어도 네가 아들을 돌볼 수 있도록 내가 조치를 취할 수 있었는데.

▸ 논의 질문

• 어떤 부분에서 접근을 달리 할 것인가?

• 구체적으로 무슨 말을 할 것인가?

예 3: 이 예제에서 나오는 양부모 타라와 크리스는 그들의 자녀가 행동을 개선하는 데 많은 기여를 하였다. 하지만 이 부부는 보건 사회 복지부의 규칙과 정책을 항상 준수하지 않는 문제가 있다. 사전에 연락도 없이 이미 약속된 치료 모임도 여러 번 빠졌고, 매주 적어야 하는 양부모 일지나 필요한 서류들도 작성하지 않는다. 이 만남에서 인턴의 목적은 크리스와 타라의 미흡한 일지 작성에 대해 논의하는 것이다. 이 문제에 대해 어떤 협력적인 방법으로 이 부부와 함께 접근할 것인가?

사회복지인턴: 양부모 일지에 대해 이야기하고 싶어요.

크리스: 네.

사회복지인턴: 지난번 팀 치료 모임에서 매주 길고 상세한 일지를 하나 작성하는 것 또는 일지를 두 번에 나눠서 쓰는 것에 대한 중요성에 대해 논의했어요. 근데 두 분으로부터 지난 두 달간 어떠한 일지도 받지 못했어요.

크리스: 아 기억나요. 제가 요즘에 너무 바빠서 가끔씩 까먹습니다.

사회복지인턴: 시간 내시는 게 어려운 건 잘 알겠습니다. 하지만 매주 이걸 작성하시는 건 정말로 중요해요.

▸ 논의 질문
- 어떤 부분에서 접근을 달리 할 것인가?

- 구체적으로 무슨 말을 할 것인가?

4 | 종결

내담자가 갑작스럽게 서비스를 그만둘 경우엔 가끔 종결 작업을 수행할 수 없는 경우가 있다. 이것을 계획되지 않은 종결이라고 한다. 이러한 경우 여러 가지 사유가 있을 수 있는데, 내담자의 삶이 불안정한 경우, 변화를 추구함에 있어 흥미가 떨어진 경우, 변화에 대한 불안, 또는 변화 과정 중 내담자가 원하는 바를 얻은 경우가 이에 포함된다.

특히 동의한 계획 기간 전에 내담자가 그만두거나 인턴 사회복지사가 기관을 떠나야 할 경우, 이러한 유형의 종결을 다룰 수 있는 한 가지 방법은 내담자에게 편지를 쓰는 것이다. 현재 많은 기관들이 정해진 시점보다 더 빨리 종결을 하는 내담자에게 정해진 양식의 편지를 보내고 있다. 사회복지사는 이 편지 내용에 강점관점에 기반한 동기적 요소를 덧붙임으로써 내담자가 성취한 부분과 가지고 있는 자원을 인정해주고 지금까지 변화 과정 중 달성한 일과 삶의 목표를 다시 한 번 강조해 줄 수 있다. 비협조적인 내담자인 경우,

사회복지사는 내담자가 변화를 모색하고 해당 서비스를 찾아온 용기에 대해 칭찬하는 방향으로 편지를 작성할 수 있다. 위와 같은 접근법들이 보여주듯이, 사회복지사는 내담자가 가지고 있는 긍정적인 목표와 그들의 주 관심사와 연관된 선택들을 하는 데 필요한 지혜를 강조하면서 긍정적인 모습으로 종결하기 위해 노력해야 한다. [사례 8.7]은 아동 보호 서비스 기관에서 일하는 인턴이 작성한 편지다.

이러한 유형의 편지는 사회복지기관에서 일반적으로 발송하는 종결 서신과 비교해 명백히 개선된 내용을 보인다. 이러한 편지는 종결 과정에 개인적인 차원을 더하고 내담자에게 개입에 대한 긍정적인 인상을 남기며 내담자가 더 희망적으로 느낄 수 있도록 자기효능감을 더 북돋을 수 있다. 이와 같은 편지는 그 자체로도 개입이라고 볼 수 있고 동시에 내담자의 목표와 과정 그리고 업적을 강조하며 더욱이 내담자에게 긍정적인 변화를 계속해서 격려하는 도구로써 활용될 수 있다.

사례 8.7 종결 편지

인턴은 렌지 씨를 장기적으로 맡아 관리해 왔다. 렌지 씨는 아이들에게 폭력을 휘두르는 일 때문에 조사 이후부터 계속 아이들과 격리된 상태로 지내왔다.

친애하는 렌지 씨에게:
저는 선생님이 가족을 얼마나 소중히 여기고 그것 때문에 자신의 분노를 조절하기 위해서 얼마나 많은 노력을 했는지 압니다. 그리고 선생님께서 노력하신 덕분에 좋은 성과가 있었어요. 현재 "제 3자 감독" 단계까지 오셨는데, 앞으로 한 단계만 더 나아가면 가족이랑 완전히 재결합 할 수 있으세요.

지금까지 보여주셨듯이 앞으로도 꾸준히 모임에 참석하고 분노 조절도 잘하시면서 아내분과 자녀분들을 지원해주시길 바랄게요. 책임 있는 결정을 내리는 것이 항상 쉽지만은 않다는 걸 알아요. 그렇지만 저와 아동 보호 서비스에 있는 모두가 선생님이 매주 보여주신 것들을 다 알기 때문에 해내실 수 있으리라 믿고 있답니다. 선생님이 이루어 낸 모든 성과에 대해 저는 정말 자랑스럽게 생각하고 있어요.

아시다시피 아동 보호 서비스에서의 제 인턴 기간이 곧 종료됩니다. 하지만 어떤 고민거리, 질문, 또는 말씀하실 것이 있으시면 제가 오기 전에 해왔던 것처럼 [   ]을 통해 계속해서 소통해주세요. 선생님과 함께 일할 수 있어서 정말로 감사했고, 선생님과 가족분들 모두 평안하시길 바라요.

로버트 해쳐 드림.

5 | 결론

본 장은 사회복지 서비스를 구축하는데 종종 사용되는 원조 과정과 동기 강화상담 과정을 통합시켰다. 본 장은 내담자의 동기가 서비스의 처음부터 끝까지 어떻게 제시될 수 있는지 보여주었다. 복지 현장에서는 수립된 계획에 따라 내담자가 따르지 않는 경우가 종종 있다. 이동수단의 미비함 또는 상담 중 아이를 돌보는 문제 등 실제적인 문제에 대해선 직면해야 하지만, 때로는 최적의 결과를 얻기 위해 동기에 대한 측면 또한 재검토해 보아야 한다.

CHAPTER

09

동기강화상담과
우울증

● ● ●

09 동기강화상담과 우울증

사람이 살아가면서 겪는 장애 중 가장 흔한 장애는 우울증일 것이다. 실제로 미국인들 중 16.65%가 일생 동안 한 번씩은 주요우울장애를 경험한다(Kessler, Berglund, Demler, Jin, & Walters, 2005). *주요우울장애*는 2주 이상 우울 기분이 지속되거나 거의 모든 일상 활동에 대해 흥미를 상실하는 것이다. *지속성 우울장애*는 주요우울장애와 유사하지만 덜 심한 지속적인 증상을 가지는 일반적인 성격 유형을 가리킨다. 절망감과 무관심 같은 우울 증상은 변화를 위한 행동을 수행할 능력을 저해할 수 있다. 낮은 동기도 우울 증상의 일부분이다. "그래 봐야 무슨 소용이야?", "아무 소용없어", "더 나아질 리 없어." 같은 말들에는 자신감과 자기효능감, 그리고 희망을 쌓을 필요성이 내재하고 있다.

성인 인구가 경험할 수 있는 지속성 우울장애의 1년 유병률은 4.5%이다(Kessler, Chiu, Berglund, Demler, Jin, & Walters, 2005). 세계보건기구는 전 세계적으로 우울증이 개인적 고통, 실직, 또한 우울증 관련 질병 치료와 관련된 장애의 주요 원인이라고 언명하였다. 이 장애는 활동 제약, 질병, 건강보호서비스 이용증가, 그리고 사망률 등에 영향을 미쳐 신체적 건강에 해가 될 수 있다(Rugulies, 2002; Shanmugham et al., 2005). 대략 50%의 사람들은 단 한 번의 우울증만을 경험하겠지만, 개인의 위험요소와 보호요소가 함께 작용하여 재발하거나 만성 상태에 이르는 사람들도 있다(Hammen et al., 2008). 이 장은 오랫동안 거의 대부분의 시간을 우울증을 경험하면서 그에서 벗어나고자 애쓰는 사람들과 함께 일하는 사회복지사들을 위해 쓰여졌다. 이러한 사례들은 바로 우울증이 다루기 힘든 수준이 되어버린 경우이며, 변화를 향하여 내면의 양가감정을 해결하도록 고안된 기법들을 사용하여 탐색할 필요가 있을 것이다. 여기에 제시되는 자료들은 콜코란Corcoran의 저서(2009)에서 발췌되었고, 사회복지실천에 맞게 정리되었다.

1 | 동기강화상담과 우울증에 관한 문헌 검토

우울증 치료를 위한 동기강화상담에 대한 사회복지 임상 저술이 다소 있기는 하지만 연구에서는 주목을 받지 못했다. 와합Wahab 등(2014)은 부부 또는 연인 간 폭력과 우울증을 모두 경험하고 있는 흑인 여성들을 위한 동기강화상담에 대해 기술했다. 샘슨Sampson 등(2013)은 저소득 여성의 산후우울증 치료를 위한 동기강화상담에 대해 논했다. 우울증으로 정신과 진단을 받은 자녀를 둔 13명의 저소득 여성들을 대상으로 실행된 사전/사후 조사연구가 있다(Swartz et al., 2007). "대인관계 치료"라고 불리는 개입에는 동기강화상담의 요소들이 포함되어 있고, 민족지학 인터뷰라고 불리는 개입도 동기강화상담의 "정신"을 따르고 있다(Swarz et al., 2006).

우울증은 종종 물질사용장애와 공존한다(Kessler et al., 2005). 사터Satre 등(2013)은 정신과 의사에게 우울증 치료를 받고 있고 기초선 측정에서 위험한 수준으로 나타난 성인들의 알코올 소비와 약물사용을 줄이기 위한 동기강화상담 사용에 대한 연구를 수행했다. 위험한 음주와 약물사용에 대한 서면 교육 자료를 받았던 사람들에 비해서 1회기 또는 4회기의 동기강화상담을 받았던 사람들은 3개월 후에도 물질사용 감소를 유지하고 있었다.

한편 사회복지사는 아니지만 일차 돌봄 제공자들을 대상으로 동기강화상담 훈련을 받은 집단과 통상적인 서비스를 제공하는 집단을 비교한 실험연구가 있다(Keeley et al., 2014). 동기강화 상담을 훈련받은 제공자들과 상담을 한 환자들은 훈련받지 않은 제공자들에게 상담을 받은 우울증 환자들에 비해 서 더 자주 변화대화를 했고 단기 과제준수(약속 일주일 후 신체활동)도 개선 되었다. 이 연구는 단기훈련(3회기까지)이 실천가들에게 도움이 될 수 있음을 보여준다.

2 원조과정에서 동기강화상담 사용하기

여기서는 우울증을 위한 사회복지 원조과정인 계약, 평가, 목표설정, 그리고 개입 단계에서의 동기강화상담 사용에 대해 논한다. 원조과정은 8장에서 자세히 소개되었다.

계약

우울증이 있는 사람과의 실천 초기과정에서, 사회복지사가 내담자가 이해받고 있음을 느낄 수 있도록 그 사람의 경험을 주의 깊게 경청하고 반영해 주는 지지적이고 공감적인 접근방법을 취하는 것이 중요하다. 아직도 상당하게 부정적 인식을 가지고 있는 문제에 대해 자유롭게 이야기할 수 있는 자체만으로 가치가 있으며 어느 정도 위안이 되기도 한다. 연결과 의미의 결여는 우울증의 증상이다. 우울한 사람과 연결점을 만들고 그가 우울증이라는 질병에 대해 표현하고 이해하도록 도움으로써 비참하며 혼란스러운 경험에 대한 의미를 찾을 수 있다. 내담자와 사회복지사 사이에 이러한 기본적인 이해가 이루어지지 않는다면, 그 사람은 우울증에 대해 적극적으로 무엇인가 하도록 진전을 이룰 수 없을 것이다.

동기강화상담의 용어로 기술하면 실천가가 내담자의 "곁으로 다가가는" 것이며, 사회복지 용어로는 "내담자가 있는 곳에서 시작하는" 것이다. 실천가는 내담자의 양가감정을 탐색하고 내담자가 변화를 원하는 측면을 지원하며,

너무 앞서가거나 변화에 대해 내담자를 설득하거나 회유하거나 논쟁을 벌이거나 혹은 지나치게 낙천적이지 않아야 한다. 사회복지사는 앞으로 진행될 모든 작업의 대들보인 협력관계를 유지하기 위해 노력해야 한다.

의제 설정하기

의제 설정하기는 8장에서 잠재적 내담자와의 계약의 한 부분으로 설명되었다. 아주 간결하더라도 우울증 관련 주제들의 목록을 제시하는 것은 수많은 사용 가능성이 있다. 심리교육은 내담자에게 우울증에 관한 공통적인 염려점들을 알려주고, 우울증의 원인, 증상, 지지, 대처, 그리고 치료에 대해 교육한다. 이렇게 함으로써, 우울증은 내담자에게 정상화된다. 내담자가 다른 사람들도 같은 문제를 경험한다는 것을 알게 되면, 다른 사람들과의 연결감이 생긴다. 우울증의 경험은 종종 추상적이고 무정형적이며 압도적이기 때문에, 이런 구체적인 항목들을 이야기하면서 우울증이 보다 잘 다루어지는 느낌을 가질 수 있다. [안내 9.1]은 내담자들이 우울증의 의제로 설정할 수 있는 목록이다.

안내 9.1 우울증 관련 의제

- 증상/경험
- 자기 돌봄
- 즐거운 활동
- 사고패턴
- 운동
- 취미
- 실존적/영적/의미
- 우울증 촉발요소
- 사회생활
- 가족 관계
- 취업/학업

- 약물치료
- 스트레스가 많은 과거 생활사건

평가

우울증이 있는지 확인하는 것 외에, 결정저울도 평가단계에서 활용될 수 있다. 이 과정에서는 우울증과 관련된 양가감정과 우울증을 변화시키는 측면을 탐색할 뿐만 아니라 변화 노력이 고취되도록 대화를 전개한다.

단점들

이 장에서는 문제(우울증)로 인한 단점들에 대해 먼저 논하고자 한다. 사람들은 이미 우울증의 고통과 불편함에 대해 불평을 하고 있을 수 있고, 그렇기에 이미 부정적인 결과를 경험하고 있을 수 있기 때문이다. 심신을 쇠약하게 만드는 고통 외에도, 우울증은 다음에 논하는 여러 측면들의 삶의 기능을 손상시킬지도 모른다.

배우자 문제

우울한 사람들은 배우자와의 관계 문제 위험이 증가한다. 그들의 증상들(낮은 에너지, 무관심, 즐거움 결여, 절망감) 때문에 다른 사람들은 그들과 친구가 되기를 원치 않거나 그들의 잦은 불평에 좌절감을 느낄 수도 있다. 우울증이 있는 사람들은 일반적으로 부정적일 뿐만 아니라 파트너들에게 비판적일 수도 있다.

자녀양육

부모의 우울증은 자녀를 우울증이나 다른 장애의 위험에 처하게 하는 해를 끼칠 수 있다(Hammen et al., 2008; Pilowsky et al., 2006; Weissman, Wickramaratne, & Yoko, 2006). 이러한 연관성은 유전, 태내에서 발생한 생물학적 손상, 역기능적 자녀양육, 그리고 모델링뿐만 아니라 우울증과 부모의 부부문제 간 관계에 의해서 설명될 수 있다(Goodman, 2007). 특히 부모들이 정서적으로 반응하지 않거나 반응할 수 없을 수 있고, 자녀양육의 어려움에 직면하여 무력감을 느낄지도 모른다(Goodman, 2007). 부모들은 특정한 우울 행동과 사고들을 보여주고 자녀들은 그를 받아들임으로써 의도치 않게 자녀들에게 우울해지는 것을 가르칠 수도 있다. 또한 우울한 부모들은 자녀들의 행동을 부정적인 시각으로 바라보고 그래서 벌을 더 많이 주는 경향이 있다.

가치에 대해 이야기하다 보면, 많은 부모들은 보통 자녀와 가족이 제일 중요하다고 한다. 그러므로 부모의 우울증이 자녀들에게 미칠 수 있는 영향에 대해 세심하게 논함으로써 우울증 치료를 시작하도록 동기를 강화할 수 있다.

다른 사회적 관계들

우울증은 배우자와 자녀들뿐만 아니라 다른 사회적 관계들에도 영향을 미칠 수 있다. 앞서 논했듯이, 우울한 사람들은 다른 사람들의 마음을 끌지 못할 수 있다. 흔히, 우울한 사람들은 사람들로부터 멀어지며 사회적 접촉을 제한하고, 그렇게 함으로써 스스로를 중요한 강화 제공자와 단절시킬 수 있다.

신체 건강

우울증은 신체 건강에 해로울 수 있다. 이 장의 도입부에서 개괄적으로 설명한 것과 같이, 우울한 사람들은 질병에 걸리기 더 쉽고 회복력도 감소한다. 이러한 요인들이 함께 작용하여 사망률 또한 증가한다.

여기서 논한 일반적인 단점들 외에, 사람들이 우울증에 사로잡혀 있는 자신만의 독특한 이유들도 알아낼 수 있다. 편지 쓰기는 양가감정에 다가가는 방법으로 설명되어 왔다. 다음의 치료적 연습은 적이며 친구이기도 한 "우울증"에게 편지를 쓰는 것이다. [사례 9.1]은 "조"가 적으로서의 우울증에게 쓴 편지의 예시이다. 다른 측면에서 쓴 편지는 다음 절에 제시된다.

사례 9.1 우울증에게 보내는 편지: 단점

> 우울증에게
> 나는 너의 고통을 느끼는 것이 지긋지긋해. 어떻게 넌 삶이 살만한 가치가 없다고 느끼게 만드는 걸까. 넌 매일 나에게 거짓말을 하지. 이젠 더 이상 널

믿고 싶지 않아. 네 어둠은 내 머리를 어지럽히고 내 삶을 질식시켜. 난 더 이상 너를 내 곁에 두고 싶지 않아.

　안녕.

　　　　　　　　　　　　　　　　　　　　　　　　　　　　　−조

임상 소견: 조는 우울증이 그녀에게 초래한 주된 단점이 고통과 자해하고 싶은 마음임을 이 편지에서 확인했다.

3 ｜ 우울한 것의 장점

비록 우울증이 고통스럽고 심신을 쇠약하게 한다고 하지만, 계속 우울함으로써 이익 또는 이른바 이차적 이득을 얻는 사람들도 있다. [안내 9.2]에서 왼쪽 열은 일반적인 이차적 이득들로서, 피해자 의식, 정체성, 사회관계, 그리고 유형의 이익으로 분류되었다. 오른쪽 열은 이러한 "유지대화" 진술에 대해 가능한 반응들이다.

변화의 장점

가상적인 미래 질문을 통해서 내담자가 우울증이 없는 상황을 확인하게 함으로써 변화의 장점에 접근할 수 있다. 우울증이 있는 사람들은 특징적으로 자신과 타인, 그리고 세상에 대한 신념과 관련하여 과거, 현재, 그리고 미래에 어둠을 던지는 부정적인 관점에 빠져 있다. 가상의 미래지향 질문은 제한적인 틀을 넘어서서 넓은 시각을 갖도록 도울 뿐 아니라, 희망과 자신감을 고양시킬 수 있다. 낙관론을 형성하기 위해 사용되는 질문을 포함하여 이 단계에서 물어 볼 다른 질문들은 이전 장에서 상세히 소개하였다.

우울증의 장점

유지대화	가능한 반응
피해자 의식	
다른 사람들은 나를 돌봐 주어야 한다.	다른 사람들은 돌봄 역할을 하도록 조종당할 때 분개하는 경향이 있다. 인간 실존에 관련된 실존적 현실들이 있다(Yalom & Leszcz, 2005). 의미를 찾고 삶이 때로는 불공정함을 인식하고, 우리 모두 언젠가는 죽으며, 우리가 다른 사람들로부터 얼마나 많은 도움을 받는지와 상관없이 우리 자신만이 우리가 삶을 살아가는 방식에 책임을 져야 한다는 것이다.
나는 다른 사람들을 비난할 수 있으며 변할 필요가 없다.	우리는 오직 자기 자신에 대해서만 책임이 있다.
나는 나에게 상처 입힌 사람들을 벌할 수 있다. 만일 내가 변한다면, 그건 내가 그들을 봐주는 것이다.	우리는 계속 우울하게 살면서 다른 사람들보다 더 자신에게 상처를 주고 있다.
정체성	
우울증은 나를 "깊이 있고", "특별하게" 만들어 준다.	사람은 우울하지 않고도 복잡하며 독특할 수 있다.
나는 우울증이 없다면 창조성을 잃을 것이다.	보통 무관심, 피로감, 무의미감, 절망감 등의 우울 증상은 특별하게는 창조성, 일반적으로는 생산성으로 이어지지 않는다.
우울증이 없다면 나는 어떤 사람일까?	성격 점검보다는 상이한 행동들을 탐색하는 것을 고려한다.

사회 관계

만일 우리들이 모든 게 얼마나 나쁜지에 대한 불평을 하지 않는다면, 내 친구들과 어떤 이야기를 나눌 것이며 어떤 공통점을 가질 것인가?	행동은 취하지 않은 채 문제에 대해서 끊임없이 이야기만 나누는 것은 우울증을 강화시킬 뿐이다. 대화는 보다 중립적이고 긍정적인 주제들에 쉽게 맞추어질 수 있다.
누가 내 친구가 될 수 있을까?	삶의 도전들을 다루어나가기 위해 노력하고 있는 긍정적이고 희망적이며 에너지가 넘치는 사람들과 어울리는 기회가 될 수 있다.

유형적 이익

장애 수당 취업 필요가 없음	이러한 일들의 장점과 단점은 가치가 있는가?(각 행동의 상대적인 위험/대가에 대한 결정저울이 근거가 될 수 있다.)

앞서 소개된 바와 같이, 편지쓰기 연습은 우울증이 어떤 역할을 하는지에 대한 보다 개인적인 이유를 알려줄 수 있다. 조가 "친구로서의" 우울증에게 보내는 편지가 [사례 9.2]에 실려 있다.

사례 9.2　우울증에게 보내는 편지: 장점

> 넌 내가 삶의 무게에 압도되지 않도록 보호해 주지. 너무 지나치게 스트레스를 느낄 때, 넌 내가 아무 것도 느낄 필요 없게 만들어 버리지. 넌 내가 민감하다고 느끼게 도와줘. 어머니는 언제나 내가 나쁘고 아무도 배려하지 않는다고 말씀하셨어. 그렇지만 그건 내가 상처 받았기 때문이고, 어머니 말씀은 옳지 않은 거야. 어머니는 내가 우울해서 행복하실 거야. 왜냐하면 우울하다는 건 내가 어쩌면 무척이나 배려하고 있다는 걸 의미하니까.
> 　항상 함께 있어 주어서 고마워.
>
> 　　　　　　　　　　　　　　　　　　　　　　　　　　　　　－ 조

임상 소견: 이 편지에서 우울증은 조가 스트레스나 삶의 부담들을 다루어야만 하는 것을 막아주는 것 같이 보인다. 또한 우울증은 한 사람으로서 조의 가치에 대해 어머니에게 무엇인가를 "증명하는" 것으로 보인다. 이것들은 조가 우울증에서 벗어나는 것을 막을 수 있기 때문에 조가 알아야 할 중요한 이유가 된다.

변화의 단점

여기서 사회복지사는 변화하는 것을 어렵게 만드는 장애물들에 눈을 돌린다. 장애물이 탐색되지 않는다면, 내담자의 변화 노력이 방해받을 수 있다. [안내 9.3]은 이러한 이유들을 요약하고, 변화를 거부하는 내담자의 진술에 사회복지사가 반응하는 데 사용할 수 있는 각본들을 제공한다.

너무 많은 노력을 요한다: 우울증의 일반적 증상은 무력감과 무관심이다. "무슨 의미가 있어?", "무슨 소용이야?" 등이 우울한 사람의 불평이다.

변화에 대한 두려움: 여러 가지 형태로 나타날 수 있다. 그러나 기본적으로 우울증을 다루는 것은 때때로 오랫동안 해온 어떤 행동 방식을 바꿔야 한다는 것을 의미한다. 어떤 패턴들은 비록 효과가 없을지는 모르지만 적어도 익숙하다. 변화에 대한 두려움의 보다 구체적인 형태는 우울증의 근원적인 이유들을 다루는 데 관련된 것이다.

우울증이 있음에 직면하기(Murphy, 2008): 우울증을 치료하기 위해서는 적어도 어느 정도는 자신이 우울하다는 것을 인식해야 한다. 많은 사람들은 우울증에 대한 오해를 하고 있으며, 그로 인해 우울증이 있다는 사실을 받아들이지도 않을 수 있다. 더구나 우울증에 대해 무엇인가 하려고 하지도 않을 것이다. 일반적인 오해들은 다음과 같다.

- "우울한 것은 내가 심약하다는 뜻이다."
- "우울한 것은 내가 미쳤다는 뜻이다."
- "우울한 것은 내가 철창에 갇힐 것이라는 뜻이다."
- "우울한 것은 내가 _____[가족 누군가]와 같다는 뜻이다."

- "나는 어떤 도움도 받지 않고 나 혼자 이것을 할 수 있어야 했다. 나는 심약한 것이 틀림없다."
- "＿＿＿＿＿＿＿[노인, 폐경 여성, 상을 당한 사람]이 우울한 것은 정상이다."

고통에 대한 두려움: 때때로 사람들은 자신의 우울증에 직면하면 더 많은 고통을 느낄까봐 두려워한다. 그러나 우울증을 일으키는 스트레스 원과 관련된 감정들이 다루어지면 우울증이 사라질 수도 있다.

안내 9.3 변화에 대한 내담자의 저항에 반응하는 방법

우울증을 다루지 않는 이유	사회복지사의 반응 견본
너무 많은 노력	• 아무 것도 하지 않으면 우울증은 지속됩니다. • 만일 당신이 아무 것도 하지 않는다면, 아무 것도 얻을 수 없을 것입니다. 반면 에너지는 에너지를 불러옵니다. • 구조화된 활동(할 일을 가지는 것)는 우울증과 싸우는 데 도움이 될 수 있습니다.
변화에 대한 두려움	• 당신은 변화가 두렵다는 것을 스스로에게 입증할 수 있습니다. 그러나 "지금 나를 위해서 하고 있는 일이 얼마나 좋은가?" 하고 질문할 수도 있습니다.
나약함에 대한 두려움	• 문제를 인정하고 직면하는 데에는 많은 용기가 필요합니다. • 우울증은 개인적인 나약함 때문이라기보다는 (유전과 환경 요인들이 함께 작용하는) 다른 요인들이 융합하여 발생합니다.
미친 사람으로 생각되는 데 대한 두려움	• 우울증은 치료가 가능한 임상적 상태입니다. • 우울증의 생애 유병률은 16%입니다(Kessler et al., 2003). 그렇게 많은 미국인들이 "미쳤다"고 할 수는 없습니다. • 아브라함 링컨과 윈스턴 처칠을 포함해서 우울증이 있었던 많은 역사적인 인물들을 생각해 보십시오.

나는 "이것으로부터 벗어나거나", 이로부터 나올 수 있어야 한다.	• 의지는 우울증을 없애 주지 않습니다. 사람은 우울하지 않기로 결심할 수는 없습니다.
나 같은 사람이 우울한 것은 정상이다.	• 우울증은 치료가 가능한 임상적 상태입니다.
내가 우울증을 다루려 애쓴다면, 오히려 더 고통스러울 것이다.	• 우울증은 매우 고통스러우며, 다루어지지 않으면 지속될 수 있습니다. 만일 원인을 제공하는 문제들을 해결한다면 그 문제들은 더 이상 우울증에 작용하지 않을 것이고, 그 결과 우울증은 멈출 것입니다.
만일 내 울음이 터지고 멈추지 않는다면?	• 우는 것은 슬픔과 스트레스에 대한 건강한 반응입니다. 그 감정들은 표현되면서 자연스럽게 사라질 것입니다.
나는 과거의 일을 파헤치고 싶지 않다. 만일 그러다 실패한다면?	• 과거에 중심을 두는 접근과 반대로 현재 지향의 우울증 치료들이 이용 가능합니다. • "실패"를 우울증과 싸우는 데 필요한 특성에 대하여 매 번 더 배우는 것으로 재구성하십시오. 변화를 향해 내딛는 작고 안전한 발걸음들도 있습니다.

목표 설정과 개입

앞서 논의한 탐색을 거쳐서 내담자에게 개별화된 목표를 설정한다. 동기 강화상담과 같은 강점 기반 모델에서는 실행 계획을 세우는 데 있어서 내담자의 재량권이 크다. 개인적으로 가장 도움이 될 것을 탐색할 때, 내담자는 보다 더 역량이 강화되고 자신이 변화 노력을 책임지고 있다는 느낌을 가질 수 있다. 우울증이 있을 때 확인되는 장점들이 의미 있는 목표가 될 수 있는데, 내담자에게 그런 괴로움을 주지 않는 다른 방법으로 어떻게 이 같은 욕구들이 충족될 수 있을지 논한다. 변화에 방해가 되는 장애물들에도 특별히 주의를 기울여야 하며, 이러한 장애물들을 어떻게 극복할 수 있을지 상세히 검토하도록 목표 설정을 할 수 있을 것이다.

행동의 장점과 단점을 탐색하는 동기강화상담과 함께 사용할 수 있는 인지이론 기법인 대위법(point-counterpoint)은 변화를 방해할지 모르는 골칫거리인 신념체계를 도울 수 있다. "무슨 일을 해보아도 소용이 없어", "사람들은 믿을 수 없어", "나는 항상 우울했고, 앞으로도 계속 우울할 거야."와 같은 패배주의적 신념을 가질 때의 장·단점을 살펴봄으로써 그러한 신념들을 탐색한다. 이 과정에 참여함으로써, 내담자들은 신념과 인지들이 자신이 생각했던 것처럼 고정된 것이 아니라 변화될 수 있음을 감지하기 시작한다.

일반적으로 동기강화상담은 변화를 요구하지는 않는다. 대신에 내담자가 준비가 되었을 때 변화 계획을 개발하도록 돕는 방향성을 제공한다. 그러나 동기강화상담을 우울증에 사용한 사례에 대한 저술이 제한적이기 때문에, 스왈츠Swartz 등(2007)은 동기강화 작업을 심리치료의 서막이라고 묘사했으며, 동기강화상담을 인지행동치료와 통합한 연구자들도 있다(Riper et al., 2014).

사회복지사는 우울증이 있는 사람이 변화에 대한 결심공약을 했다고 하더라도 동기와 관련된 문제는 계속 일어날 것이라는 사실에 대비해야 한다. 무력감, 무관심, 그리고 절망감 같은 우울증 증상 자체가 개인의 동기에 부정적인 영향을 미치기 때문이다. 그러므로 사회복지사는 어떤 시점에는 전숙고 단계이다가 다른 시점에는 실행단계로 변화단계들을 오가는 내담자의 경로를 따라가는 데 있어서 유연해야 한다. 동기강화상담은 이러한 여러 단계들을 함께 이어준다.

최근 들어 우울증이 있는 사람들은 심리치료보다는 약물치료를 더 많이 받고 있다(Olfson & Marcus, 2009). 동기강화상담과 사회복지는 내담자의 인간 가치와 존엄성이라는 가치관에 있어서 하나가 된다. 그러므로 우울한 사람들이 본인을 위한 최선의 선택을 하기 전에 약물치료를 받아야 하는지에 대한 문제와 관련된 모든 측면을 탐색해야 한다는 관점을 지닌다. 때때로 학생들은 기관에서 내담자에게 약물치료에 대한 압력을 계속 가한다고 보고한다. 그러나 적어도 우울증에 관해서 항우울제 사용을 지지하는 증거는 충분치 않다. 불행하게도 항우울제 치료를 받은 대다수 사람들에게는 차도가 없었고, 절반 이하의 내담자들만이 증상 감소를 보였다(Trivedi et al., 2006). 항우울제의 효과가 위약에 비해 실제로 더 크지 않을지 모르고, 위약은 우울증 개선의 68%를 차지하고 있다(Rief et al., 2009). 더군다나 평균적으로 경미하거나 중간 정도의 증상이 있는 사람들에게는 약물치료의 이점이 아주 적거나 없을 수도 있음을 발견한 메타분석 연구도 있다(Fournier et al., 2010). 위약에 비해 항우울제로 인한 개선이 더 큰 경우는 심각한 우울증을 가진 사람들에게만 해당된다. 요약하자면, 현재까지의 증거는 내담자에게 약물치료를 강요하는 것을 정당화하지 못한다. 그 대신에 사회복지사는 약물치료를 개별화하고, 고지된 선택을 가능하게 해야 한다.

4 | 결론

이 장에서는 우울증 치료 문헌에서 보이는 간극을 동기강화상담을 사용하여 메꾸고자 했다. 유전이나 생물학처럼 사람의 행위주체를 넘어서는 일부 우울증이 있긴 하지만, 특히 만성적이고 견고한 우울증에서는 다루어질 수 있는 많은 측면들이 있다는 논의가 이루어졌다. 변화에 대한 지나친 절망감과 무력감이라는 우울 증상 자체가 동기의 문제를 수반한다. 동기강화상담은 우울증에서 자유로워지고 싶은 마음을 북돋우면서 이런 증상들에 직접적으로 작용할 수 있다.

CHAPTER

10

배우자 폭력과
동기강화상담

• • •

CHAPTER

10 배우자 폭력과 동기강화상담

미국에서 매년 발생하는 배우자 폭력 피해율은 여성 1000명당 4.2명으로 추정된다(Bureau of Justice, 2013). 사회복지사들은 가정폭력 쉼터, 경찰서, 법원 등에서 활동할 때뿐만 아니라 그 외의 상황들에서 가족들과 일하는 중에 이러한 피해자들과 종종 마주하게 된다. 이들을 대상으로 하는 동기강화상담에는 많은 이점이 있다. 학대관계에 남아있을 것인지 아니면 떠날 것인지 결정하는 과정에서는 양가감정이 압도적인데, 동기강화상담은 변화를 촉진하기 위해서 양가감정을 다루도록 특별하게 고안되었다. 또한 동기강화상담은 자기효능감을 높인다. 학습된 무력감의 과정을 통해(Seligman, 1975), 여성은 자신의 상황을 변화시킬 역량을 잃었다고 느낄 수 있다. 동기강화상담은 여성이 자기 자신과 자녀들을 안전하게 지킬 조치를 취할 수 있도록 변화를 위한 자기효능감과 자신감을 북돋우는 데 중점을 둔다.

실천적인 면에서, 동기강화상담은 다양한 현장에서 유연하게 사용될 수 있다. 20−30분의 짧은 만남에서도 사용이 가능하며, 긴급 피난처, 체포에 대한 정보, 보호명령 제공과 같은 보다 구체적인 서비스들을 제공할 때 함께 사용하면 이상적이다. 사회복지사는 할지 안할지 모르는 가해자의 행동이 아니라, 피해자 스스로 취할 수 있는 다양한 변화 노력에 함께 초점을 맞추어 나갈 수 있다. "자기 돌봄, 안전 계획, 건강, 사회적 지지, 중독, 그리고 취업"

205

이 이에 포함된다(Wahab et al., 2014, p. 291).

이 장에서는 배우자 폭력 피해자를 대상으로 하는 실천에서의 동기강화 상담 적용에 대해 논한다. 우선 선행연구들을 검토한 후, 초이론적 변화단계 모델을 배경으로 이 문제를 살펴본다. 그리고 위험이 우려되는 상황에서의 협력관계 유지에 대해 탐색하고, 피해자를 존중하는 대화를 촉진하기 위해서 사용될 수 있는 기법들을 소개한다.

1 | 문헌 검토

배우자 폭력 피해자와의 동기강화상담에 대한 몇몇 예비단계 연구가 있다. 라스무센Rasmussen, 휴스Hughes와 머래이Murray(2008)는 가정폭력 쉼터 상담자로부터 동기강화상담(주 1회 개인상담)과 정규 서비스를 함께 받은 여성 10명과 정규 서비스(사례관리와 심리교육적 지지집단)만을 받은 여성 10명을 비교한 실험 연구를 수행했다. 30일간의 연구가 종결되었을 때, 동기강화상담을 받은 여성들이 변화준비가 더 된 것으로 나타났다. 그리고 그들 가운데 처음부터 동기가 있었던 사람들의 동기 수준은 계속 유지되었다. 대조적으로, 정규 서비스만 받은 집단에서는 초기에 동기가 높았던 여성들이 시간이 지나면서 동기가 줄어드는 경향을 보였다. 질적 연구결과는 동기강화상담 집단의 여성들이 자기효능감을 더 많이 표현했음을 보여주었다(Hughes & Rasmussen, 2010).

최근에는 가족계획 클리닉에서 전년도에 배우자 폭력이 있었던 것으로 선별되어 동기강화상담이나 지역사회 의뢰가 이루어진 여성들을 대상으로 무작위 비교연구가 수행되었다(Saftlas, Harland, Wallis, Cavanaugh, Dickey, & Peek—Asa, 2014). 실험군 여성들은 훈련을 받은 센터 직원에게 4회기 동기강화상담을 받았다(첫 회기는 대면상담, 나머지 3회기는 전화상담). 306명의 여성들이 연구에 등록했고, 이들 가운데 약 2/3가 6개월 후 추후조사에 참여했다. 동기강화상담을 받은 여성들은 우울증이 감소했고, 자기효능감은 증가했다.

또한 지역사회 의뢰 여성들에 비해 변화준비성도 더 높았다. 그러나 연구결과들은 통계적으로 유의하지는 않았다. 연구자들은 센터 직원이 여성들에게 가정폭력에 대한 교육과 개입을 하고, 지역사회 의뢰를 했기 때문에 연구 조건이 오염되었을 수 있다는 의견을 제시했다.

2 변화 단계

2장에서 검토한 바와 같이, 초이론적 변화단계 모델은 사람들의 변화준비도를 개념화하는 데 사용될 수 있다. [안내 10.1]은 변화단계 모델을 배우자 폭력 피해자에게 적용한 것이다. 그리고 [연습 10.1]은 피해자들이 행동을 취할 준비에 관해서 이야기할 수 있는 진술들에 대해 생각해보도록 청한다. 다음 절에서는 모든 변화단계의 내담자들과 함께 일해 나가는데 기초가 될 협동관계의 필요성에 대해 논한다.

안내 10.1 배우자 폭력에 적용한 변화단계 모델

변화단계	설명	폭력 피해자에게 적용
전숙고	문제가 있다는 인식이 없으며, 문제에 대한 책임감도 없다.	• 학대관계에 있는 것의 장점과 단점에 대해 민감하게 탐색한다.
숙고	문제가 있고 변화 가능성이 있다는 생각을 하기 시작한다.	• 변화해야 할 이유와 변화하지 않아야 할 이유에 대해 민감하게 탐색한다.
준비	6개월 내에 변화할 것이다.	• 자신감과 자기효능감을 형성한다. • 변화 계획을 세운다.
실행	적극적으로 변화 노력을 수행한다.	• 작고 성공적인 실천들을 개인적으로 성취하도록 돕는다. • 초기 변화단계와 연관이 있는 어려

		움들을 인정하고 강조한다. 학대관계로 되돌아가게 하는 고위험 상황과 촉발요인들을 평가하도록 지원하고 이에 대한 대처전략을 세운다. • 사회적 지지체계를 강화한다.
유지	6개월간 변화를 유지한다.	• 학대관계로 되돌아가게 하는 취약성을 피한다. • 대처, 자신감, 자원들을 돕는다.
재발	학대관계로 되돌아간다. 일반적으로 여성은 그 관계를 떠날 때까지 평균 7번 되돌아간다고 전해진다.	• 강점 기반 접근방법을 취한다. 재발한 여성은 다음에 적용할 수 있는 변화 방법에 대해 더 배운 것이다. • 안전 계획을 세운다.

연습 10.1 활동지향적인 준비진술 확인하기

연습 안내: 아래 진술들에 대해 생각해 보고, 내담자가 활동 지향적인 변화를 실천하도록 동기화되었음을 보여주는 진술에 표시한다. "실행" 단계에 맞지 않는다고 생각되는 진술에 대해서는 그 내담자가 어느 단계에 해당되는지 생각해본다.

"저 혼자서는 할 수 없어요."
"그를 잃는 건 모든 걸 잃는 거예요."
"그는 절대로 저를 보내주지 않을 거예요."
"저는 앞으로 조금 나아갈 준비가 되었어요."
"저에겐 선택의 여지가 없어요."
"네, 그렇지만..."
"한두 달 내로 남편과 헤어지려고 하기 때문에 주거 정보를 얻기 위해 전화를 하는 거예요."
"아무도 이해하지 못해요."

"그건 예전에 했었어요."

"만일 제가 도움을 받을 수 있다면 할 수 있을 거예요."

"제가 겪어온 일을 당신은 이해하지 못해요."

"제가 왜 여기 있는지 모르겠어요."

"저는 쉼터에 있지만 이곳이 싫어요. 이게 과연 잘한 일인지 모르겠네요."

"소용없을 거예요."

"알아요. 안다고요."

"이제 익숙해진걸요."

"그렇게 나쁜 건 아니에요."

"어떻게 해야 할지 모르겠어요."

"저는 원하지 않아요."

"당신은 저를 돕고 있는 게 아니에요."

"이건 소용이 없어요."

"집을 떠나 온 지 석 달이 되는데도, 아이들이 계속 그 사람을 찾아요. 그리
고 그 사람은 저에게 전화를 걸곤 하죠..."

"저는 시간이 없어요."

"저 혼자서 이걸 할 수는 없어요."

"그건 대안이 못돼요."

"그걸 해야 되는 건지 몰랐어요."

"저는 이미 그걸 시도했었어요."

"그건 저한텐 별 효과가 없을 거예요."

"저는 원치 않을 뿐이에요."

"그건 '우리' 방식이 아니에요."(문화적)

3 협동 자세 유지하기

동기강화상담과 사회복지에 양립 가능한 자기결정, 인간 존엄성, 그리고
서비스의 가치 증진은 1장에서 논하였다. 배우자 폭력 피해자와 함께 일하는

사회복지사들이 폭력 관계에 그대로 남아 있는 여성들의 안전과 안녕에 대해 우려하는 것은 이해할 만한 일이다. 심지어 사회복지사는 여성의 자기결정권과 안전 이슈가 상충할 때 윤리적 딜레마에 직면할 수도 있다. 어떤 사회복지사들은 이들 여성들이 "옳은" 행동을 취하도록 가능한 한 사전 예방적으로 설득함으로써 고민스런 딜레마를 해결한다. 그러나 동기강화상담의 주관심사는 협동관계 유지이며, 사회복지는 개인의 가치와 인간적 존엄성을 존중하며 자기결정을 허용한다. 이는 사회복지사가 안전과 대안들에 대한 우려를 현실적으로 다루기는 하지만, 그 관계에 남아있을 것인지 떠날 것인지는 그 여성의 결정이라는 것을 의미한다. [연습 10.2]는 독자들로 하여금 폭력적인 배우자 곁에 있기로 선택한 내담자들과 일할 때 자신의 가치와 편견들을 관리하는 데 대해 성찰하도록 한다.

연습 10.2 가치와 편견 탐색하기

만일 당신에게 폭력적인 배우자와 계속 함께 살고 있는 내담자가 있다면, 그녀를 돕기 위해 내담자의 행동에 대한 당신의 개인적 가치와 반응을 인식하고 관리하겠는가?

나의 반응과 개인적 가치 인식하기:

나의 개인적 반응 관리하기;

다이아나: 음, 우린 두 사람 수입으로 주택 부금을 갚아가고 필립을 키우고 있어요. 제 수입만 가지고는 이사를 해야 할 것 같은데, 어쩌면 아파트로 옮기거나 룸메이트를 구해야 할 거예요. 친정에서 더 멀리 이사해야 한다는 뜻일 수도 있어요.

전화상담자: 남편 없이 혼자만의 수입으로 꾸려 나가야 할 재정 상태에 대해

걱정하시는군요. 주거면에서도 어떤 변화가 필요할지 모르고요. *(진술 반영하기)*

다이아나: 그리고 또 저는 남편이 오해 받고 있다고 생각해요. 남편은 불우한 어린 시절을 보냈는데 아마도 그로 인해 많은 문제들이 일어난 걸로 알고 있어요. 그러나 한편으론 필립이 아버지가 최악일 때를 보고 그런 행동을 언젠가 나중에 되풀이하는 건 원치 않아요.

전화상담자: 아들이 아버지처럼 폭력적으로 성장하는 걸 원치 않으시네요. *(인턴은 변화에 대한 메시지 부분을 강조한다)*

---

4 변화에 대한 양가감정을 탐색하고 이해하기

양가감정을 일으키는 다양한 측면들을 포함하는 대화의 틀로서 의사결정 저울을 7장에서 논하였다. 밀러Miller와 롤닉Rollnick(2012)은 이 기법을 중시하지 않았는데, 기계적인 방식으로 사용될 것을 염려해서였다. 그러나 꼭 기계적인 방식으로 할 필요는 없으며, 경청과 비판단적인 공감 반응이 이 과정의 바탕이 되어야 한다. 또한 모든 여성들이 함께 사는 것과 떠나는 것의 장점과 단점을 전부 자세하게 탐색할 필요는 없을 것이다. 초기 대화는 관계를 지속할 때의 장점과 단점에 대해서만 이루어질 것이다.

관계 지속의 장점

내담자와의 종합적인 논의의 한 부분으로써, 배우자와의 관계에서 어떤 점이 좋은지 물어보는 데에는 몇 가지 중요한 목적이 있다. 첫째, 사람들이 자율성을 상실할 위협에 처해 있을 때 흔히 느끼는 방어에 대해 경고해준다. 둘째, 사람들은 관계를 지속하는 것이 그들의 욕구를 충족시키고 있다는 사실을 확인하게 된다. 그동안 피해 여성은 "왜 그를 떠나지 않는 거죠?"라는 태도에 직면하여 왔을 수 있다. 셋째, 장단점 가운데 장점은 없다며 부정을 하더라도, 후에 장점들이 다시 떠올라서 변화노력에 걸림돌이 될 수 있다.

행동의 "좋은 점"에 대해 물어봄으로써 그 행동을 용납하는 게 아닐까 생각하는 사람들이 있다. "그렇지 않다"는 것이 답이다. 그 행동으로 무엇을 얻는지 묻는 것은 문제에 대한 당신과 내담자의 이해를 촉진시킨다. [안내 10.2]는 사람들이 폭력적인 관계에 계속 머물러 있는 일반적인 이유들의 목록이다.

다시 한 번 강조하지만, 어떤 사람의 이유는 [사례 10.1]에 나열된 이유들과 다를지도 모르므로 사회복지사는 각각의 내담자와 개별적으로 작업하도록 한다. 또한 내담자가 자신의 이유들을 이야기하는 기회를 가진 후에 이런 설명들을 함께 나눌 수도 있을 것이다. 이를 제시할 때에는 항상 허락을 구하도록 한다. 예를 들어, "혹시 여성들이 공유하는 다른 이유들에 대해서 들어보고, 당신에게도 해당되는지 보고 싶으신지요?"라고 말한다. [사례 10.1]을 읽은 후에 [연습 10.3]을 보고 사용된 기법들을 분석하도록 한다.

안내 10.2 관계 지속의 이점

- 사랑, 관심, 애정, 그리고 동반자 관계를 얻음
- 재정적 지원을 받음
- 건강보험 보장
- 아이들에게 아버지의 존재가 있음
- 폭력이 주기적으로만 발생하며, 다른 때는 다정하며 깊이 뉘우치는 행동이 동반됨
- 학대자가 자녀들의 아버지인 경우에는 자녀들 때문에 어쨌든 계속 만나게 될 것이므로 관계를 유지하는 게 나음
- 그는 변화 약속을 지킬 수도 있음
- 지낼 곳이 달리 없음
- 내 집에서 지낼 수 있을 것임
- 친정 가족이 인근에 살고 있음
- 배우자 돌봄/사랑
- 부모로부터 독립

다이아나는 29세 라틴계 여성으로, 이혼할 경우 해당되는 주거권에 대한 정보를 얻기 위해 가정폭력 및 성폭력 서비스 핫라인에 전화를 하고 있다. 동기강화상담의 기법들은 괄호 안에 제시되고 있다.

전화상담자: 주거 상태에 대한 법적 권리를 알고 싶으신 것으로 이해합니다. 그런데 저는 이 분야 전문가가 아니어서 '주거 및 경제 전문가'에게 연결시켜 드렸으면 하는데요. 그 분이라면 이혼을 하는 경우에 주택 부금과 소유권에 어떤 영향이 있을지 더 구체적인 정보를 알려 드릴 수 있을 겁니다. 제가 오늘 도움을 드릴 수 있는 일이 또 있을지요?

다이아나: 그냥 이 상황에서 어디로 가야 할지를 모르는 것 같아요. 제 변호사는 아주 좋은 분이지만 사소한 일로 연락하고 싶지는 않아요. 비용 부담도 있고 변호사가 바쁘기도 하거든요. 무얼 해야 하는 건지 모르겠어요.

전화상담자: 당신의 권리와 대안에 대한 정보를 얻기 위해 이미 많은 시간과 에너지를 투자하셨군요. *(강점 강조하기)* 자신과 아들을 위해서 변화를 가져 오려면 어떻게 앞으로 나아가야 할지에 대해 이미 생각하기 시작하신 것 같아요. *(이미 일어난 변화 강화하기와 내담자가 앞으로 취할 행동 지향하기)*

다이아나: 맞아요. 그렇지만 저는 말하는 상대에 따라서 마음이 이리저리 흔들리는 것 같아요. 제가 도대체 무얼 해야 하는지 알아낼 수 있도록 도움을 받고 싶었어요.

전화상담자: 마음이 이리저리 흔들린다는 것에 대해 좀 더 자세히 말씀해 주시겠어요? *(양가감정에 대해 이야기하도록 초대)*

다이아나: 그러니까, 많은 사람들에게 지금 무슨 일이 일어나고 있는지 이야기했어요. 친정 식구들은 정말 좋아요. 그리고 제가 어떤 결정을 하더라도 지지할 거라고 하죠. 그러나 상황이 나빠져서 잠시 친정에 가 있을 때면 남편이 대충 수습을 하려고 찾아오곤 해서 우리 모두를 혼란스럽게 만들어요. 지난 번에도 친정집에서 일주일 정도 지내고 있는데 남편이 와서는 가족 모두 함께 이야기하자는 거예요. 남편은 자기가

얼마나 우리를 그리워했는지, 진정한 가족의 일원이라는 것이 자기에게 얼마나 의미가 큰지, 그 동안의 모든 일들로 얼마나 괴로워했는지 모른다면서 이혼은 생각조차 할 수 없다고 했어요. 그리고 자신과 같은 어린 시절을 우리 아들에게 겪게 하고 싶지 않다면서 부부 상담을 받아 문제를 해결하고 싶다고 했어요. 그 사람은 울면서 제 곁으로 다가와서 저를 감싸 안았죠. 그 일이 있기 직전까지만 해도 이혼을 유일한 대안으로 생각했었는데, 그 후 저도 더 이상 이혼을 대안으로 생각하는지에 대한 확신이 흐려졌어요. 친정은 가톨릭 집안이어서 이혼을 생각할 수 없긴 해요. 그러다 보니 남편이 잘못을 고치려고 노력하고 꽤 괜찮아 보일 때면 우리 모두 이혼은 최악의 선택이라고 확신하는 것 같아요. 그 다음으로는 상담사가 있어요. 우리는 문제를 해결하기 위해 제가 다니는 교회의 상담사를 만나기 시작했어요. 이전에 제가 임신한 사실을 처음 알았을 때 상담했던 분이어서 이번 일로 만나는 게 편안했어요. 남편은 처음에만 몇 번 참여했고, 나중에는 저 혼자 상담을 받게 됐죠. 교회상담사이기 때문에 이혼에 대한 이야기를 꺼내기가 어렵기도 하죠. 그리고는 친구들이 있는데, 모두 무척 지지적이지만 걱정을 하고 무슨 말을 해야 할지 몰라 하죠. 친구들은 당장 남편을 떠나라고 직설적으로 이야기하지는 않지만 모두들 그게 최선이라고 느끼고 있는 게 분명해요. 저는 주변에 누가 있느냐에 따라 그 사람들의 말을 쉽게 믿곤 하는데, 사실은 뭐가 뭔지 너무 혼란스러워요.

전화상담자: 주변에 당신을 돕고자 하는 분들이 많지만 그분들의 조언이 항상 도움이 되는 건 아니군요. 특히 편견이 있는 경우는. *(양가감정 반영하기)* 그리고 당신은 당신과 아들의 안전을 지키기 위해서 뿐만 아니라 남편이 그의 가족 안에서 경험했던 것과는 다른 결과를 아들이 경험할 수 있도록 하기 위한 여러 방법들을 찾고 싶어 하시는 걸로 보이네요. *(내담자의 변화 지향하기)* 남편과의 관계를 지속할 때의 장점과 단점에 대해 이야기 나누는 것이 도움이 될까요? *(양가감정의 추가 탐색에 대한 허락 구하기)*

다이아나: 도움이 될 수 있을 것 같아요.

전화상담자: 좋아요. 그러면 남편과 함께 지내야 하는 이유들부터 이야기해

볼까요. *(현상유지에 대한 질문)*

다이아나: 음, 무엇보다 중요한 건 필립의 삶에 아버지가 있다는 것이지요.

전화상담자: 남편이 아들의 아버지니까 아들을 위해 남편이 곁에 있기를 바라실 거예요. *(단순반영)*

다이아나: 아버지가 없다는 것이 남편에게 실제로 어떻게 영향을 주었는지 봐 왔거든요. *(긴 침묵)*

전화상담자: 아들이 자기 아버지처럼 성장하기를 원치 않으시는군요. *[단순반영. 이 진술은 나중에 변화를 위해 사용될 수도 있다. (즉, 가정에서 폭력을 목격하는 자녀는 장래에 같은 방식으로 행동하기 더 쉬울 수 있다.)]*

다이아나: 또 다른 이유들도 있지만, 같이 살아야 할 썩 좋은 이유들은 아닌 것 같네요.

전화상담자: 괜찮아요. 어떤 이유들에 대해 생각하신 건가요? *(탐색 격려하기)*

연습 10.3 관계 지속의 단점 탐색하기

코니는 1살 된 아들을 둔 20세의 백인 여성이며, 해군 장교의 아내이다. 그녀의 얼굴에는 멍이 들어 있고, 정신이 나간 것처럼 보인다.

이 연습에서는 사회복지인턴이 문제의 단점을 탐색하기 위해 사용한 기법들을 확인하도록 한다.

사회복지인턴: 안녕하세요, 코니. 저는 이 곳에서 피해자를 옹호하고 있습니다. 제 역할은 당신의 이야기를 듣고 필요한 자원과 서비스를 제공하는 것이에요. 어떤 상황이신지 이야기해 주실 수 있겠어요?

기법:

코니: *(고개를 끄덕인다)*

사회복지인턴: 오늘 어떤 일로 여기 오셨는지요?

기법:

코니: 오늘 여기 오기로 마음먹은 건 며칠 전에 남편이 제 얼굴을 손전등으로

때려서 기절했던 일 때문이에요. 저녁식사를 함께 할 건지 물었더니 아니라고 해서 눈을 부라렸는데 그게 남편을 화나게 한 거죠. 저는 얼굴 표정관리가 어렵고, 남편은 그런 식으로 무례하게 대하는 걸 싫어해요. 기절했다가 몇 분 후에 부엌 바닥에서 깨어났을 때 남편은 이미 나가고 없었어요. 저는 얼굴에 얼음찜질을 하고 애기가 방에서 자고 있는지 확인한 후에 친구에게 전화했어요. 남편이 관할부대와 문제가 생겨서 해군에서 쫓겨나는 걸 원하지 않았기 때문에 신고는 하지 않았어요. 예전에는 남편이 이러지 않았어요.

사회복지인턴: 지난 며칠간 많은 일을 겪으셨군요. 그리고 도움을 청하기 위해서 어렵게 여기 오셨고요. 남편이 항상 이랬던 건 아니라고 하셨는데 무슨 의미인가요?

기법:

코니: 우리는 고등학교 때부터 사귀었어요. 남편은 18살 때 해군에 입대해서 바로 배치를 받았었는데, 아주 달라져서 돌아왔어요. 남편은 너무 쉽게 화를 내요. 저에게 툭하면 욕을 하면서 고함을 지르고, 때때로 제가 정말로 화나게 하면 주위에 있는 걸 아무거나 집어 들고 때려요. 저는 부모님 집에 가 있으면서 3개월간 각자 휴식기를 갖자고 했는데 남편은 자기가 변했으니 돌아와 달라고 애걸했어요. 사실 저는 남편을 무척 사랑하고, 우리에겐 아이가 있어요. 그러나 이 모든 일을 겪고도 남편에게 다시 돌아갈 수 있을지 모르겠어요.

사회복지인턴: 남편에게 돌아갈 경우 당신의 안전이 걱정되지만, 다른 한편으로는 남편에게 마음을 쓰고 가정을 온전히 지키는 것이 당신에게 중요하다는 것으로 들리네요.

기법:

코니: 그래요. 바로 그거예요.

사회복지인턴: 남편과 함께 살 때의 장점들은 무엇인가요?

기법:

코니: 장점이요? 글쎄요… 남편은 자기가 저지른 일에 대해 무척 속상해 하고 있으니까 한동안은 저에게 아주 잘할 거예요. 저는 부모님께 다시 가있지 않아도 되고 우리 아기와 저에게 필요한 돈이 충분한지 걱정하지 않

아도 되겠죠.

사회복지인턴: 그러니까 남편 곁에 있으면 재정적으로 안전하고, 부모님에게서도 독립하고, 그리고 신혼과 같은 시간을 보내게 되겠군요.

기법:

코니: 네, 돈은 중요해요.

사회복지인턴: 다른 이유들도 있을까요?

기법:

코니: 애기가 아플 때 의료보험 걱정을 하지 않아도 되고, 여기 친구들과도 가까이서 지내게 되겠죠. 하지만 남편은 아마 다시 화를 낼 거예요. 저는 눈치를 보며 불안하게 살고 싶지 않아요.

관계 지속의 단점

관계를 지속하는 상황의 장점에 대해 이야기하는 과정에서 내담자들은 종종 자발적으로 단점에 대해 탐색하기 시작한다. 그렇지 않은 경우에는, 사회복지사가 "지금 우리는 당신에게 그 관계가 어떤 의미가 있는지에 대해 이야기를 나누었습니다. 이제는 당신에게 도움이 되지 않는 일들에 대해서 이야기 해볼까요."라고 말할 수 있다. 이전 장에서 논한 바와 같이, 문제 인식, 염려, 그리고 극단적인 상황에 대해 질문해야 할지 모른다. [안내 10.3]은 폭력적인 가정의 배우자가 처하는 일반적인 위험들이다. 단점 탐색은 [사례 10.2]의 코니 사례에서 계속된다.

안내 10.3 관계 지속의 대가

- 신체적 상해
- 우울, 불안, 그리고 두려움 등의 정서적 문제
- 자기자신에 대해 불쾌한 감정을 갖게 됨
- 자녀들에게 좋지 않은 역할 모델
- 가정의 안전성/안정성 결여

- 잠재적인 세대 간 학대 사이클
- 고립(학대의 영향 숨기기, 수치심)
- 폭력 사건 동안에 자녀가 상처를 입을 수 있음
- 남편은 결국 다시 격분하거나/폭력적이 될 것임
- 두려움 속에 살아감
- 자신의 집에 갇혀 있는 느낌
- 친구들과 가족이 나 때문에 속상해 할 것임

사례 10.2 결정저울: 단점-코니

다음 예시를 읽으면서, 반영진술이 질문보다 많아야 한다는 밀러Miller와 롤닉 Rollnick(2012)의 지침을 되새긴다. 대화의 중요한 시점마다, 질문 대신 혹은 다른 질문을 하기 전에 가능한 반영진술을 구체화한다. 그리고 당신이 그렇게 할 때 개입에 어떤 영향이 있을지 생각해 보고 대화 뒤에 당신의 관점을 적는다.

사회복지인턴: 당신은 남편과 함께 살 때의 장점들에 대해 이야기하셨고, 단점에 대해서 이야기하기 시작하셨어요. 남편과 살 때의 그다지 좋지 않은 다른 점들에는 무엇이 있을까요?

코니: 글쎄요, 말씀 드렸듯이, 남편은 아마 다시 화를 낼 거고 폭력을 휘두를 수도 있어요. 그 사람은 내가 어디 가는 걸 절대로 원치 않기 때문에 저는 집에 갇혀 있다고 느낄 거예요. 제 친구들과 가족은 남편에게 돌아간다고 하면 저에게 화를 낼 거고요.

사회복지인턴의 가능한 반영진술:

사회복지인턴: 남편이 폭력적이었던 또 다른 때의 이야기를 하실 수 있을까요? 어떤 일이 일어났는지요?

코니: 음, 제가 친정으로 떠나기 전에 남편이 술에 취해 들어와서 집이 깨끗하지 않다고 화를 낸 적이 있어요. 정말 힘든 날이었고 애기도 아팠는데 아랑곳하지 않았죠. 제 머리채를 잡고는 벽에다 머리를 짓찧었어요.

그리곤 제가 쓰러지자 배를 여러 차례 발로 찼죠… 정말 끔찍했어요.

사회복지인턴의 가능한 반영진술:

사회복지인턴: 그때 떠나기로 결심하셨나요?

코니: 네, 죽는 게 아닌가 싶어서 두려웠어요. 그 곳을 뛰쳐나와야 했죠.

사회복지인턴의 가능한 반영진술:

사회복지인턴: 만약 변화 없이 이제까지 겪어온 일들을 계속한다고 가정해 보죠. 당신에게 일어날 수 있는 최악의 일들은 무엇일까요?

코니: 남편이 아기를 해칠 정도로 화가 많이 날 수 있을 것 같아요. 그리고 만일 남편이 그런 짓을 한다면 제가 과연 살아갈 수 있을까 모르겠어요.

사회복지인턴의 가능한 반영진술:

▸ 논의 질문
- 반영진술을 더 많이 사용할 때 대화에 어떤 변화가 있을 것이며, 밀러^{Miller}와 롤닉^{Rollnick}(2012)에 따르면 잠재적 영향은 무엇일까?

떠나는 것의 장점

때로는 장점과 단점을 탐색함으로써 내담자의 실천 동기에 불을 지필 수 있다. 그러나 내담자가 실제적인 변화 노력을 기꺼이 시작하기 전에 보다 면밀한 평가를 해야 하는 경우들도 있다. 이 시점에 변화(관계를 떠나는 것)의 장점들에 대한 논의를 시작할 수 있을 것이며(사례 10.3), 자기효능감을 형성하기 위해서 변화에 대한 낙관론을 포함시킬 수도 있다(연습 10.4). [연습 10.4]에서는 사용된 기법들을 찾아보도록 한다. [안내 10.4]는 여성들이 폭력적인 관계를 떠나는 일반적인 이유들의 목록이다.

사례: 다이아나

전화상담자: 그러니까 필립이 안전하고, 행복한 엄마와 함께 행복한 시간을 보낼 수 있는 가정에서 성장하기를 바라시는 거죠. 아들을 위한 최고의 엄마가 될 수 있도록 당신 자신을 돌볼 필요가 있다는 사실을 알고 계신 것 같네요. 또 매 순간 벼랑 끝에 서 있는 느낌 대신에 당신 자신의 집에서 편안함을 느끼고 싶고요. 그러니까 당신의 목표 중 하나는 자신과 아들을 위한 안전한 가정을 만드는 것이네요.

다이아나: 맞아요.

전화상담자: 현재 상태가 계속 지속된다면, 더 이상 감당하기 힘들 것 같다고 말씀하셨어요. 그런데 변화가 일어난다면 어떨까요?

다이아나: 모르겠어요. 저는 이혼하는 게 좀 걱정스러운 것 같아요. 그렇지만 조만간 이혼을 하게 될 거라고 생각해요.

전화상담자: 나중이 아니라 곧 이혼을 한다고 생각해 보죠. 이혼을 할 때에는 어떤 장점들이 있을 수 있을까요?

다이아나: 더 이상 남편과 함께 살 필요가 없을 테고, 나만의 공간이 생겨 기분이 더 나아질지도 몰라요. 남편의 행동에 대해서 친정 식구나 친구들에게 설명하려고 애쓰지 않아도 될 거고요. 처음부터 다시 시작해서 제가 필요로 하고 원하는 배우자 상, 그리고 필립에게 도움이 되는 역할 모델에 정말로 초점을 맞출 수 있을 것 같아요.

전화상담자: 이혼이 자신의 필요와 욕구에 맞는 공간을 만들어 줄 수 있으리라고 생각하시는군요. 그런 공간을 만드는 것도 당신의 목표인 것 같네요.

연습 10.4 변화에 대한 낙관론 형성하기

사회복지인턴: 당신이 원할 때 이런 변화를 이룰 수 있도록 당신을 격려하는 건 무엇인가요?

기법:

코니: 보통 저는 뭔가를 하기로 하면, 그걸 해내요. 상당히 고집스럽다고 할 수 있죠. 저는 또한 제 아이가 세상 물정을 알 만큼 클 때까지 더 나은 삶을 만들어 주고 싶어요. 딸아이는 저의 최우선 순위에요.

기법:

사회복지인턴: 당신에게는 따님이 중요한 동기가 되는 것 같군요.

기법:

코니: 그 아인 제 전부에요.

사회복지인턴: 그리고 당신은 일단 변화하겠다고 결정하면 무척 끈질기게 해낼 수 있어요. 이 과정에서 누가 당신을 도와줄 수 있을까요?

기법:

코니: 부모님이 항상 곁에 있어 주셨다고 생각해요. 제가 만약 정말로 남편을 떠나기로 한다면, 부모님은 제 아이와 저를 지지해 주실 거예요. 어머니는 늘 같이 살자고 하세요. 그리고 제게는 정말 친한 여자 친구가 한 명 있어요. 그 친구는 제가 준비될 때까지 자기 집에 와서 함께 살 수 있다고 말하죠. 또 가끔 교회에 나가는데 교우들도 기꺼이 도움을 줄 것이라고 믿어요.

기법:

사회복지인턴: 그분들이 당신의 확실하고 큰 자원이군요. 당신이 살아오면서 이번처럼 변화가 필요했던 적이 있으셨나요?

기법:

코니: 이렇게까지 힘들진 않았지만 2년 전에 담배를 끊었어요.

사회복지인턴: 어떻게 금연을 하셨나요?

기법:

코니: 그저 의지력으로 해냈고 가족과 친구들에게 지켜봐 달라고 부탁했어요.

사회복지인턴: 우와, 의지력만으로 금연하는 건 쉽지 않은데, 대단한 강점이네요. 의지력이 어떻게 도움이 되었나요?

기법:

코니: 일단 마음을 먹으면 최선을 다해서 자기 절제를 잘 할 수 있죠.

사회복지인턴: 당신은 자기 동기가 매우 강한 사람 같군요.

기법:

코니: 고맙습니다. 그렇게 생각해요.

사회복지인턴: 이것이 당신이 변화하는 데 어떤 도움이 될 것 같나요?

기법:

코니: 저는 저에게 그런 면이 있고, 이제 그것을 포기하지 말아야 한다는 걸 알았어요. 제가 한번 마음을 먹으면, 그에게 돌아가려 하지 않을 거예요. 저는 늘 그랬듯이 제 아이를 위해 좋은 인생을 잘 꾸려나갈 수 있다는 걸 알아요.

▸ 논의 질문

• [연습 10.3]과 [연습 10.4]에서 제시된 대화에 대한 당신의 반응은 무엇인가?

• 사회복지인턴은 내담자의 염려점을 탐색하기 위해서 어떻게 존중을 표하는 시간을 갖고자 했는가?

• 이 대화 중에서 인상깊은 부분이 있었는가?

안내 10.4 관계를 떠나는 것의 이점

• 자존감과 자기존중의 향상
• 신체적 안전

- 관계보다 부모 역할에 초점
- 자녀들에게 존경을 받음
- 더 나은 사회적 지지망 형성
- 마음의 평화
- 남편의 학대 행동을 다른 사람들에게 정당화하거나 설명하는 의무와 수치심의 부재
- 새로운 출발 기회
- 폭력에 노출되지 않는 더 나은 자녀의 삶

떠나는 것의 단점

결정 저울의 마지막 단계는 폭력적인 배우자를 떠나는 것의 단점에 대해 이야기하는 것이다. 사람들로 하여금 변화하지 않도록 설득하는 것처럼 보이기보다는, 변화노력을 방해하는 걸림돌이기에 떠나는 것의 단점에 대해 의논하는 것이 중요하다([사례 10.4]는 견본 대화이고, [안내 10.5]는 일반적인 단점들이다).

사례 10.4 떠나는 것의 단점

사례 1: 다이아나

전화상담자: 그런데 변화할 때의 단점들도 분명히 있지요. 그렇지 않으면 이 결정이 그렇게 힘든 일이 아니겠지요. 이혼을 하면 어떤 단점들이 있을까요?

다이아나: 흐음. *(긴 침묵)* 남편이 어떤 행동을 할지 알 수 없는 게 제일 걱정돼요. 남편이 어떻게 나올지 모르겠어요. 가끔 남편은 저를 전혀 신경도 쓰지 않고 오히려 이혼을 바라고 있다고 믿게끔 만들어요. 심지어 남편은 필립의 양육권을 가지려 시도하지도 않을 것이고, 필립을 한 달에 두 번만 만날 수 있도록 요청하겠다고 이야기도 했었어요. 하지만 염려되는

것은 저를 협박하면서 제 삶을 지옥으로 만들지도 모른다고 이야기하는 것이에요. 이것이 가장 큰 제 걱정거리예요. 남편이 무슨 짓을 할지 모르겠어요. 그리고 사소한 일이긴 하지만, 제가 이혼을 하게 되면 우리 교회 사람들이 저와 제 아들을 어떻게 볼지도 신경이 쓰여요. 그런 마음을 쓸 필요가 없다는 걸 알면서도, 신경이 쓰이네요.

전화상담자: 당신은 자신과 필립이 더 평화롭고 안전한 삶을 살 수 있도록 무언가 변화를 이루고 싶은 마음이 간절하신 것 같네요. 이혼은 그런 변화를 가져올 하나의 선택일 수 있어요. 그렇지만 당신은 이 선택이 가져올 어려움들도 알고 있어요. 변화하는 것의 단점들에 대해 생각해 보죠. 만약 이혼하려고 계속한다면, 최악의 경우를 위해 당신이 준비할 수 있는 것이 있을까요?

다이아나: 사실 제가 바로 시작할 수 있는 일들이 있다고 생각해요. 저에게 힘든 부분은 미래에, 그리고 필립에게 어떤 일이 일어날지 알 수 없다는 것이죠. 우리가 헤어지더라도 아들을 통해 항상 연결될 테니까요.

전화상담자: 만약 당신이 앞으로 나아가기로 결정한다면, 당신의 안전을 위해 세울 수 있는 계획들에 대해 이야기 나누는 것이 도움이 될까요?

다이아나: 그럼요. 그렇게 할 수 있게 해주시겠어요?

사례 2: 코니

사회복지인턴: 당신은 변화를 도울 수 있는 당신의 훌륭한 강점들과 자원들에 대해 이야기하셨어요. 변화는 힘들 수 있어요. 남편을 떠날 때의 단점들이 무엇이라고 느껴지시나요?

코니: 아마도 가족이 함께 살 수 없는 것이 가장 안 좋은 일이겠지요. 저는 그저 예전의 남편을 사랑하는 것이고 우리가 다시 예전 같기를 바라요. 그렇지만 그런 일은 일어나지 않네요. 혼자가 되는 것도, 집안에 남자가 없는 것도, 아이에게 남성 역할모델이 없는 것도 원하지 않아요.

사회복지인턴: 가족이 함께 있는 것이 당신에게 중요하지만, 남편이 예전 모습으로 돌아올 수는 없다고 생각하시는군요. 또한 따님이 존경할 대상을 가지지 못하는 것이 염려되고, 남편의 폭력적인 행동을 보고 자라는 걸

원하지 않으시고요. 당신은 따님을 무척 사랑하고 최선을 다하고자 하시죠. 그리고 변화를 가능하게 할 중요한 강점들에 대해 이야기하셨어요. 이것이 당신에게 어떤 의미가 있는지 이야기해 주시겠어요?

코니: 저의 강점들이 제 아이와 저를 위해 옳은 일을 할 거예요. 그리고 남편을 떠나는 발걸음을 내딛기 위해서는 친정 식구와 친구들의 지원을 받아야 하고요.

안내 10.5 관계를 떠나는 것의 대가

- 외로움
- 불확실성에 대한 두려움
- 보복의 두려움
- 재정적 지원 결여
- 주택/거주지 포기
- 지낼 장소를 찾고 유지해야 함
- 양육권과 관련된 고려사항들
- 신앙 공동체 내의 수치심
- 가족을 만나지 못함
- 아직도 배우자를 사랑함
- 혼자되는 것에 대한 두려움
- 자녀를 위한 남성 역할 모델

5장의 정보를 참조하며 이 절을 마무리 짓고 요약하기 위해, [연습 10.5]에서는 내담자로 하여금 변화 동기를 강화시키는 대화의 일부분들을 강조하였다.

요약진술 작성하기

연습 안내: 다이아나 또는 코니의 사례를 선택하여 여기서 제시하고 있는 요소들을 고려하여 요약하라. 두 사례의 대화 전문은 부록 1을 참조하라.

요소	당신의 예시
1. 강점과 자원들을 인정한다.	
2. 가치와 목적들을 인정한다. 필요하다면 양면반영을 사용해서 현재 행동과 비교한다.	
3. 내담자가 현재 선택하고 있는 행동의 문제점을 다룬다.	
4. 다른 선택들의 장점에 대해 논한다.	
5. 내담자가 동기를 강화해야 하는 이유들을 강조한다.	
6. 질문을 받고 종료한다.	

5 | "저항"을 다루는 방법

　변화의 가능성에 대해 탐색하는 과정에서, 내담자가 "저항" 또는 "유지대화"를 보여주는 때가 있을 것이다. 즉, 변화를 향한 행동을 취하는 것과 반대되는 이야기를 하는 경우이다. 그러나 동기강화상담에서 유지대화는 실천가의 전략이 내담자의 변화단계와 맞지 않다는 신호이다. [연습 10.6]의 왼쪽 행은 "유지대화"의 예시들이다. 몇몇 진술들은 이 장의 앞부분에서 제시된 변화단계 모델 연습에서 보았던 진술들이다. 유지대화는 변화과정의 자연스러운 부분으로 여겨져야 한다. 거짓으로 안심시키거나, 압력을 가하거나, 여성에게 떠나도록(또는 되돌아가지 말도록) 설득하려고 애쓰는 대신에, 사회복지사는 그 시점에서 앞으로 나아가도록 미는 것보다는 동기강화상담으로 전환해야 한다.

"유지대화"에 반응하기

연습 안내: 배우자 폭력을 경험하고 있는 내담자들과 일하는 사람들이 듣게 되는 다음 진술들에 대해 생각해 보도록 한다. 그 진술들에 대해 동기강화상담에 부합되는 반응을 하도록 한다. 독자들을 위해서 앞의 몇 진술들에 대한 반응을 완성해 놓았다.

내담자 진술	반응
"그가 그러려고 했던 건 아닐 거예요."	"그는 때때로 생각 없이 행동하는군요."
"제가 아이들을 때리지 못하기 때문에 아이들이 제멋대로에요."	"아이들을 때리는 것 말고 다른 훈육법을 찾고 싶으신 거군요."
"나아질 거예요. 그는 나와 결혼하려고 해요."	"재구성: 대부분의 경우 결혼은 폭력을 증가시킵니다. 폭력적인 배우자는 아내가 자신에게 보다 큰 약속으로 묶여있다는 것을 알기 때문이죠."
"나쁜 아버지라 해도 없는 것보다는 나아요."	"당신은 자녀들이 나쁜 아버지를 가지는 편을 더 원하시는군요."
"우린 아이들이 잠자리에 들었을 때만 다투어요. 그래서 아이들이 듣지 못하죠."	"자녀들은 잠자리에 들면 무슨 일이 일어나는지 모르는군요."
"저는 아이들을 쉼터에서 살게 하고 싶지는 않아요."	"쉼터에서 임시로 지내는 것이 폭력적인 가정에서 성장하는 것보다 좋지 않다는 것이지요."
"그는 도움을 받겠다고 했어요."	"그가 기소되고, 법원 명령으로 상담을 받게 되면 도움이 될 수도 있겠군요."

"그는 다시는 폭력을 휘두르지 않겠다고 약속했어요."	"그리고 그는 항상 약속을 지키고요."
"아이들은 제가 떠나는 걸 원치 않아요. 전학가거나 친구들을 떠나는 걸 원하지 않죠."	"자녀들이 가족의 모든 중요한 결정을 하는군요."
"저희 어머니는 견뎌 내셨어요. 저도 견뎌낼 수 있어요."	"당신의 삶이 어머니의 삶과 다르지 않기를 원하시는군요."
"그를 잃는 건 모든 걸 잃는 거예요."	
"그는 절대로 저를 보내주지 않을 거예요."	
"저에겐 선택의 여지가 없어요."	
"아무도 이해하지 못해요." / "당신은 제가 겪어온 일을 이해하지 못해요."	
"그건 예전에 했었어요."	
"나는 왜 여기 있는지 모르겠어요."	
"소용없을 거예요."	
"알아요. 안다고요."	
"이제 익숙해진걸요."	
"그렇게 나쁜 건 아니에요."	
"어떻게 해야 할지 모르겠어요."	
"저는 원하지 않아요." / "당신은 저를 돕고 있는 게 아니에요." / "이건 소용이 없어요."	
"저는 시간이 없어요."	
"음, 그는 항상 …하진 않아요."	

> "저 혼자서 이걸 할 수는 없어요."
>
> "그가 그러려고 했던 건 아닐 거예요."
>
> "그건 대안이 되지 않아요."
>
> "나는 할 수 없어요."

6 | 내담자의 변화준비언어

8장에서 언급한 바와 같이 내담자들이 본인이 무엇을 할 수 있을지에 대해 생각하면서 변화 연속선을 따라 나아갈 때에, 그들이 "DARN"(밀러Miller와 롤닉Rollnick(2012)이 머리글자를 딴 표현) 진술들을 내담자들이 말하는 것을 볼 수 있다. Miller와 Rollnick은 변화 열망(Desirability of change), 변화 능력(Ability to change), 변화 이유(Reasons to change), 그리고 변화 필요(Needing to change) 등 DARN 진술이 변화결심공약에 선행한다고 믿는다. [안내 10.6]은 배우자 폭력을 겪고 있는 여성들에게서 들을 수 있는 DARN 진술 예시와 그에 대한 사회복지사가 취할 수 있는 반응들이다. [연습 10.7]에서는 변화준비언어를 찾아 이를 더 자세히 서술하게 하는 연습을 해보도록 한다.

내담자가 변화에 대한 결심공약을 말하게 되면, 사회복지사는 변화대화를 더 나누고자 할 것이다. 밀러Miller와 롤닉Rollnick(2012)은 변화결심공약(Commitment to change), 실행활성화언어(signs of Activation), 그리고 변화를 향한 실천하기(Taking steps toward change)를 가리키는 약자 CAT를 제시했다. 이는 [안내 10.7]에 실려 있고, 이 진술들은 내담자가 행동을 취하는 데 더 가까워 졌음을 보여준다. 또한 [안내 10.7]은 내담자가 변화 연속선에서 행동 지점으로 더 나아가도록 도울 수 있는 사회복지사의 반응을 보여준다.

변화준비언어에 대한 반응

변화언어	예시	사회복지사 반응
D 변화 열망	저는 평화롭고 싶어요.	왜 그런 변화를 원하시나요?
A 변화 능력	제가 지낼 곳을 찾을 수 있을 거라고 생각해요.	어떻게 찾을 수 있을까요?
R 변화 이유	내 삶에 그가 없다면 기분이 나아질 거라는 걸 알아요.	변화하면 좋은 이유를 하나 제시해 보겠어요?
N 변화 필요	저는 그를 떠나야만 해요.	그건 얼마나 중요한가요, 그리고 왜 그런가요?(0-10)

연습 10.7 변화준비언어에 대한 반응

연습 안내: 이 장의 다이아나 사례와 코니 사례를 읽는다(전체 사례는 부록 1을 참조하라). 다음 유형에 해당되는 내담자의 진술 예시를 적고, 당신의 예상 반응을 적어본다.

변화언어	사례연구의 예시	사회복지사 반응
D 변화 열망		
A 변화 능력		
R 변화 이유		
N 변화 필요		

변화실행언어에 대한 반응

변화언어	예시	사회복지사 반응
C 변화결심공약	저는 곧 떠날 거예요.	무엇을 하시려는지요?
A 실행활성화	저는 법적 보호를 요청할 거예요.	무엇을 할 준비가 되셨는지요?
T 변화를 향한 실천하기	내담자는 집을 나왔다.	무엇을 이미 하셨는지요?

7 결론

이 장은 배우자에게 폭력을 당한 피해자들에게 동기강화상담을 사용하는 것에 대한 근거를 제공하였다. 폭력적인 배우자를 떠나려고 하는 피해자와 관련하여 변화단계들이 제시되었고, 이 모델 안에서의 동기강화상담의 위치가 설명되었다. 결정저울은 피해 여성이 본인이 처한 상황의 모든 측면들을 살펴볼 수 있도록, 내담자를 존중하며 대화하는 방법 중 하나로 논의되었다. 사회복지사들은 내담자의 변화 열망을 증진시키는 동시에, 내담자의 변화준비 정도에 맞추어 나가고 자기결정의 중요성을 지켜나가도록 주의를 기울여야 한다.

부록 양가감정 탐색의 예시

다이아나 사례와 코니 사례는 특정 기술을 보여주기 위해 부분적으로 나뉜 대화가 아닌 전체 대화를 읽을 수 있도록 편집되었다. 여기에는, 각 사례에서 사회복지인턴이 사용하고 있는 동기강화상담의 구체적인 원칙과 기술들이 보다 상세하게 실려 있다.

사례 1: 다이아나는 29세 라틴계 여성으로, 이혼할 경우 해당되는 주거권에 대한 정보를 얻기 위해 가정폭력 및 성폭력 서비스 핫라인에 전화를 하고 있다.

사회복지인턴: 주거 상태에 대한 법적 권리를 알고 싶으신 것으로 이해됩니다. 그런데 저는 이 분야 전문가가 아니어서 '주거 및 경제 전문가'에게 연결시켜 드렸으면 하는데요. 그 분이라면 이혼을 하는 경우에 주택 부금과 소유권에 어떤 영향이 있을지에 대해 더 구체적인 정보를 알려 드릴 수 있을 겁니다. 제가 오늘 도움을 드릴 수 있는 일이 또 있을지요?

다이아나: 그냥 이 상황에서 어디로 가야 할지를 모르는 것 같아요. 제 변호사는 아주 좋은 분이지만 사소한 일로 연락하고 싶지는 않아요. 비용 부담도 있고 변호사가 바쁘기도 하거든요. 무얼 해야 하는 건지 모르겠어요.

사회복지인턴: 당신의 권리와 대안에 대한 정보를 얻기 위해 이미 많은 시간과 에너지를 투자하셨군요. *(강점 강조하기)* 자신과 아들을 위해서 변화를 가져 오려면 어떻게 앞으로 나아가야 할지에 대해 이미 생각하기 시작하신 것 같아요. *(이미 일어난 변화 강화하기와 내담자가 앞으로 취할 행동 지향하기)*

다이아나: 맞아요. 그렇지만 저는 말하는 상대에 따라서 마음이 이리저리 흔들리는 것 같아요. 제가 도대체 무얼 해야 하는지 알 수 있도록 도움을 받고 싶었어요.

사회복지인턴: 마음이 이리저리 흔들린다는 것에 대해 좀 더 자세히 말씀해 주시겠어요? *(양가감정에 대해 이야기하도록 유도)*

다이아나: 그러니까, 많은 사람들에게 지금 무슨 일이 일어나고 있는지 이야기했어요. 친정 식구들은 정말 좋아요. 그리고 제가 어떤 결정을 하더라도 지지할 거라고 하죠. 그러나 상황이 나빠져서 잠시 친정에 가 있을 때면 남편이 대충 수습을 하려고 찾아오곤 해서 우리 모두를 혼란스럽게 만들어요. 지난 번에도 친정집에서 일주일 정도 지내고 있는데 남편이 와서는 가족 모두 함께 이야기하자는 거예요. 남편은 자기가 얼마나 우리를 그리워했는지, 진정한 가족의 일

원이라는 것이 자기에게 얼마나 의미가 큰지, 그리고 그 동안의 모든 일들로 얼마나 괴로워했는지 모른다면서 이혼은 생각조차 할 수 없다고 했어요. 그리고 자신과 같은 어린 시절을 우리 아들에게 겪게 하고 싶지 않다면서 부부 상담을 받아 문제를 해결하고 싶다고 했어요. 그 사람은 울면서 제 곁으로 다가와서 저를 감싸 안았죠. 그 일이 있기 직전까지만 해도 이혼을 유일한 대안으로 생각했었는데, 그 후 저도 더 이상 이혼을 대안으로 생각하는지에 대한 확신이 흐려졌어요. 친정은 가톨릭 집안이어서 이혼을 생각할 수 없긴 해요. 그러다 보니 남편이 잘못을 고치려고 노력하고 꽤 괜찮아 보일 때면 우리 모두 이혼은 최악의 선택이라고 확신하는 것 같아요. 그 다음으로는 상담사가 있어요. 우리는 문제를 해결하기 위해 제가 다니는 교회의 상담사를 만나기 시작했어요. 이전에 제가 임신한 사실을 처음 알았을 때 상담했던 분이어서 이번 일로 만나는 게 편안했어요. 남편은 처음에만 몇 번 참여했고, 나중에는 저 혼자 상담을 받게 됐죠. 교회상담사이기 때문에 이혼에 대한 이야기를 꺼내기가 어렵기도 하죠. 그리고는 친구들이 있는데, 모두 무척 지지적이지만 걱정만 하고 무슨 말을 해야 할지 몰라 하죠. 친구들은 당장 남편을 떠나라고 직설적으로 이야기하지는 않지만 모두들 그게 최선이라고 느끼고 있는 게 분명해요. 저는 주변에 누가 있느냐에 따라 그 사람들의 말을 쉽게 믿곤 하는데, 사실은 뭐가 뭔지 너무 혼란스러워요.

사회복지인턴: 주변에 당신을 돕고자 하는 분들이 많지만 그분들의 조언이 항상 도움이 되는 건 아니군요. 특히 편견이 있는 경우는요. *(양가감정 반영하기)* 그리고 당신은 당신과 아들의 안전을 지키기 위해서뿐만 아니라 남편이 그의 가족 안에서 경험했던 것과는 다른 결과를 아들이 경험할 수 있도록 하기 위한 여러 방법들을 찾고 싶어 하시는 걸로 보이네요. *(내담자의 변화 지향하기)* 남편과의 관계를 지속할 때의 장점과 단점에 대해 이야기 나누는 것이 도움이 될까요? *(양가감정의 추가 탐색에 대한 허락 구하기)*

다이아나: 도움이 될 수 있을 것 같아요.

사회복지인턴: 좋아요. 그러면 남편과 함께 지내야 하는 이유부터 이야기해 볼까요. *(현상유지에 대한 질문)*

다이아나: 음, 무엇보다 중요한 건 필립의 삶에 아버지가 있다는 것이지요.

사회복지인턴: 남편이 아들의 아버지니까 아들을 위해 남편이 곁에 있기를 바라실 거예요.

다이아나: 아버지가 없다는 것이 남편에게 실제로 어떻게 영향을 주었는지 봐 왔거든요. *(긴 침묵)*

사회복지인턴: 아들이 자기 아버지처럼 성장하기를 원치 않으시는군요. *(아들이 폭력을 보게 됨으로써 더 폭력적이 될 수도 있다는 주장을 뒷받침하는데 나중에 사용될 수 있도록 여기서 표현을 약간 바꾼 것에 주목하자.)*

다이아나: 또 다른 이유들도 있지만, 같이 살아야 할 썩 좋은 이유들은 아닌 것 같네요.

사회복지인턴: 괜찮아요. 어떤 이유들에 대해 생각하신 건가요? *(탐색 격려하기)*

다이아나: 음, 우린 두 사람 수입으로 주택 부금을 갚아가고 필립을 키우고 있어요. 바로 이사를 해야 할 것 같은데, 제 수입만 가지고는 어쩌면 아파트로 옮기거나 룸메이트를 구해야 할 거예요. 친정에서 더 멀리 떨어진 곳으로 이사할 수밖에 없을지 모르겠어요.

사회복지인턴: 남편 없이 혼자만의 수입으로 꾸려 나가야 할 재정 상태에 대해 걱정하시는군요. 주거 면에서도 어떤 변화가 필요할지 모르고요. *(진술 반영하기)*

다이아나: 그리고 또 저는 남편이 오해 받고 있다고 생각해요. 남편은 불우한 어린 시절을 보냈는데, 아마도 그로 인해 많은 문제들이 일어난 걸로 알고 있어요. 그러나 한편으론, 필립이 아버지의 최악의 모습을 보고 그런 행동을 미래에 되풀이하는 걸 원하지 않아요.

사회복지인턴: 아들이 아버지처럼 폭력적으로 성장하는 걸 원치 않으시네요. *(인턴은 변화에 대한 메시지 부분을 강조한다)*

다이아나: 물론 아니지요. 그건 끔찍한 일이에요.

사회복지인턴: 그러니까 필립이 안전한 가정에서 성장하기를 바라시는 거죠. 또 매 순간 벼랑 끝에 서 있는 느낌 대신에 당신 자신의 집에서 편

안함을 느끼고 싶고요. 그러니까 당신의 목표 중 하나는 자신과 아들을 위한 안전한 가정을 만드는 것이네요. *(변화를 향한 실천 강조하기)*

다이아나: 맞아요.

사회복지인턴: 현재 상태가 계속 지속된다면, 더 이상 감당하기 힘들 것 같다고 말씀하셨어요. 그런데 변화가 일어난다면 어떨까요? 만약에 이혼을 한다면 무엇이 달라질까요? *(변화의 장점에 대해 질문하기)*

다이아나: 모르겠어요. 저는 이혼하는 게 좀 걱정스러운 것 같아요. 그렇지만 조만간 이혼을 하게 될 거라고 생각해요.

사회복지인턴: 나중이 아니라 곧 이혼을 한다고 생각해 보죠. 이혼을 할 때에는 어떤 장점들이 있을 수 있을까요? *(변화의 장점에 대해 계속 질문하기)*

다이아나: 더 이상 남편과 함께 살 필요가 없을 테고, 나만의 공간이 생겨 기분이 더 나아질지도 몰라요. 남편의 행동에 대해서 친정 식구나 친구들에게 설명하려고 애쓰지 않아도 될 거고요. 처음부터 다시 시작해서 제가 필요로 하고 원하는 배우자상, 그리고 필립에게 도움이 되는 역할 모델에 정말로 초점을 맞출 수 있을 것 같아요.

사회복지인턴: 이혼이 자신의 필요와 욕구에 맞는 공간을 만들어 줄 수 있으리라고 생각하시는군요. *(진술 반영하기)*

다이아나: 그걸 바라겠지요.

사회복지인턴: *(이제 단점으로 방향을 바꾸면서)* 그런데 당신을 괴롭히는 일들도 분명히 있지요. 그렇지 않으면 이 결정이 그렇게 힘든 일은 아니겠지요. 이혼을 할 때 어떤 단점들이 있을까요?

다이아나: 흐음. *(긴 침묵)* 남편이 어떤 행동을 할지 알 수 없는 게 제일 걱정돼요. 어떻게 나올지 모르겠어요. 가끔 남편은 저를 전혀 신경도 쓰지 않고 오히려 이혼을 바라고 있다고 믿게끔 만들어요. 심지어 남편은 필립의 양육권을 가지려 하지도 않을 거고, 필립을 한 달에 두 번만 만날 수 있도록 요청하겠다고 이야기도 했었어요. 하지만 염려되는 것은 저를 협박하면서 제 삶을 지옥으로 만들지도 모른다고 이야기하는 것이에요. 그게 가장 큰 제 걱정거리예요. 남편이 무

슨 짓을 할지 모르겠어요. 그리고 사소한 일이긴 하지만, 제가 이혼을 하게 되면 우리 교회 사람들이 저와 제 아들을 어떻게 볼지도 신경이 쓰여요. 그런 마음을 쓸 필요가 없다는 걸 알면서도, 신경이 쓰이네요.

사회복지인턴: 당신은 자신과 필립이 더 평화롭고 안전한 삶을 살 수 있도록 무언가 변화를 이루고 싶은 마음이 간절하신 것 같네요. 이혼은 그런 변화를 가져올 하나의 선택일 수 있어요. 그렇지만 당신은 이 선택이 가져올 어려움들도 알고 있어요. 만약 이혼을 하기로 결정한다면, 당신이 생각했던 일들을 잘 하실 수 있을까요? *(변화 결심 공약 얻기)*

다이아나: 사실 제가 바로 시작할 수 있는 일들이 있다고 생각해요. 저에게 힘든 부분은 미래에, 그리고 필립에게 어떤 일이 일어날지 알 수 없다는 것이죠. 우리가 헤어지더라도 아들을 통해 항상 연결될 테니까요.

사회복지인턴: 만약 당신이 앞으로 나아가기로 결정한다면, 당신의 안전을 위해 세울 수 있는 계획들에 대해 이야기 나누는 것이 도움이 될까요? *(변화 실천에 대한 이야기를 더 하는 데 대한 허락 구하기)*

다이아나: 그럼요. 그렇게 할 수 있게 해주시겠어요?

사례 2: 코니는 1살 된 아들을 둔 20세의 백인 여성이며, 해군 장교의 아내이다. 그녀의 얼굴에는 멍이 들어 있고, 정신이 나간 것처럼 보인다.

사회복지인턴: 안녕하세요, 코니. 저는 이곳에서 피해자를 옹호하고 있습니다. 제 역할은 당신의 이야기를 듣고 필요한 자원과 서비스를 제공하는 것이에요. 어떤 상황이신지 이야기해 주실 수 있겠어요? *(의제 설정하기와 허락 구하기)*

코니: *(고개를 끄덕인다)*

사회복지인턴: 오늘 어떤 일로 여기 오셨는지요?

코니: 오늘 여기 오기로 마음먹은 건 며칠 전에 남편이 제 얼굴을 손전등으로 때려서 기절했던 일 때문이에요. 저녁식사를 함께 할 건지 물었더니 아니라고 해서 눈을 부라렸는데 그게 남편을 화나게 한 거죠. 저는 얼굴

표정관리가 어렵고, 남편은 그런 식으로 무례하게 대하는 걸 싫어해요. 기절했다가 몇 분 후에 부엌 바닥에서 깨어났을 때 남편은 이미 나가고 없었어요. 저는 얼굴에 얼음찜질을 하고 애기가 방에서 자고 있는지 확인한 후에 친구에게 전화했어요. 남편이 관할부대와 문제가 생겨서 해군에서 쫓겨나는 걸 원하지 않았기 때문에 신고는 하지 않았어요. 예전에는 남편이 이러지 않았어요.

사회복지인턴: 지난 며칠간 많은 일을 겪으셨군요. 그리고 도움을 청하기 위해서 어렵게 여기 오셨고요. *(강점 인정하기)* 남편이 항상 이랬던 건 아니라고 하셨는데 무슨 의미인가요?

코니: 우리는 고등학교 때부터 사귀었어요. 남편은 18살 때 해군에 입대해서 바로 배치를 받았었는데, 아주 달라져서 돌아왔어요. 남편은 너무 쉽게 화를 내요. 저에게 툭하면 욕을 하면서 고함을 지르고, 때때로 제가 정말로 화나게 하면 주위에 있는 걸 아무거나 집어 들고 때려요. 저는 부모님 집에 가 있으면서 3개월간 각자 휴식기를 갖자고 했는데 남편은 자기가 변했으니 돌아와 달라고 애걸했어요. 사실 저는 남편을 무척 사랑하고, 우리에겐 아이가 있어요. 그러나 이 모든 일을 겪고도 남편에게 다시 돌아갈 수 있을지 모르겠어요.

사회복지인턴: 남편에게 돌아갈 경우 당신의 안전이 걱정되지만, 다른 한편으로는 남편에게 마음을 쓰고 가정을 온전히 지키는 것이 당신에게 중요하다는 것으로 들리네요. *(양면 반영)*

코니: 그래요. 바로 그거예요.

사회복지인턴: 남편과 함께 살 때의 장점들은 무엇인가요? *(현상유지 탐색하기)*

코니: 장점이요? 글쎄요… 남편은 자기가 저지른 일에 대해 무척 속상해 하고 있으니까 한동안은 저에게 아주 잘할 거예요. 저는 부모님께 다시 가있지 않아도 되고 우리 아기와 저에게 필요한 돈이 충분한지 걱정하지 않아도 되겠죠.

사회복지인턴: 그러니까 남편 곁에 있으면 재정적으로 안전하고, 부모님에게서도 독립하고, 그리고 신혼과 같은 시간을 보내게 되겠군요. *(반영하기)*

코니: 네, 돈은 중요해요.

사회복지인턴: 다른 이유들도 있을까요? *(현상유지 탐색 계속하기)*

코니: 애기가 아플 때 의료보험 걱정을 하지 않아도 되고, 여기 친구들과도 가까이서 지내게 되겠죠. 하지만 남편은 아마 다시 화를 낼 거예요. 저는 눈치를 보며 불안하게 살고 싶지 않아요.

사회복지인턴: 당신은 남편과 함께 살 때의 장점들에 대해 이야기하셨고, 단점에 대해서 이야기하기 시작하셨어요. 남편과 살 때의 그다지 좋지 않은 다른 점들에는 무엇이 있을까요? *(단점 탐색하기)*

코니: 글쎄요, 말씀 드렸듯이, 남편은 아마 다시 화를 낼 거고 폭력을 휘두를 수도 있어요. 그 사람은 내가 어디 가는 걸 절대로 원치 않기 때문에 저는 집에 갇혀 있다고 느낄 거예요. 제 친구들과 가족은 남편에게 돌아간다고 하면 저에게 화를 낼 거고요.

사회복지인턴: 남편이 폭력적이었던 또 다른 때의 이야기를 하실 수 있을까요? 어떤 일이 일어났지요? *(문제의 단점들에 대한 정교화 요청하기)*

코니: 음, 제가 친정으로 떠나기 전에 남편이 술에 취해 들어와서 집이 깨끗하지 않다고 화를 낸 적이 있어요. 정말 힘든 날이었고 애기도 아팠는데 아랑곳하지 않았죠. 제 머리채를 잡고는 벽에다 머리를 짓찧었어요. 그리곤 제가 쓰러지자 배를 여러 차례 발로 찼죠… 정말 끔찍했어요.

사회복지인턴: 무척 두려웠겠군요. *(공감)*

코니: 네, 죽는 게 아닌가 싶어서 두려웠어요. 그 곳을 뛰쳐나와야 했죠.

사회복지인턴: 만약 변화 없이 이제까지 겪어온 일들을 계속한다고 가정해 보죠. 당신에게 일어날 수 있는 최악의 일들은 무엇일까요? *(극단에 대한 질문)*

코니: 남편이 아기를 해칠 정도로 화가 많이 날 수 있을 것 같아요. 그리고 만일 남편이 그런 짓을 한다면 제가 과연 살아갈 수 있을까 모르겠어요.

사회복지인턴: 그러니까 당신은 끊임없이 두려운 상태에 있게 되고, 남편은 당신이나 아이를 해칠 수 있는 상황이군요. *(진술 반영하기)*

코니: 바로 그거예요. 제가 남편에게 너무 많은 기회들을 줬어요. 저는 제 집에 갇혀 있다는 느낌을 받고 싶지 않아요. 그리고 제 아이의 신변을 걱정하고 싶지도 않고요.

사회복지인턴: 당신이 원할 때 이런 변화를 이룰 수 있도록 당신을 격려하는 건 무엇인가요? *(낙관주의에 대한 질문)*

코니: 보통 저는 뭔가를 하기로 하면, 그걸 해내요. 상당히 고집스럽다고 할 수 있죠. 저는 또한 제 아이가 세상 물정을 알 만큼 클 때까지 더 나은 삶을 만들어 주고 싶어요. 딸아이는 저의 최우선 순위에요.

사회복지인턴: 당신에게는 따님이 중요한 동기가 되는 것 같군요. *(진술 반영하기)*

코니: 그 아인 제 전부에요.

사회복지인턴: 그리고 당신은 일단 변화하겠다고 결정하면 무척 끈질기게 해낼 수 있어요. 이 과정에서 누가 당신을 도와줄 수 있을까요?

코니: 부모님이 항상 곁에 있어 주셨다고 생각해요. 제가 만약 정말로 남편을 떠나기로 한다면, 부모님은 아기와 저를 지지해 주실 거예요. 어머니는 늘 같이 살자고 하세요. 그리고 이 곳에 정말 친한 여자 친구가 한 명 있어요. 그 친구는 내가 땅에 발을 딛고 설 수 있을 때까지는 자기 집에 와서 함께 살 수 있다고 말하죠. 또 가끔 교회에 나가는데, 교우들도 기꺼이 도움을 줄 것이라고 믿어요.

사회복지인턴: 그분들이 당신의 확실하고 큰 자원이군요. 당신은 살아오면서 이번처럼 변화가 필요했던 적이 있으셨나요? *(강점 찾기)*

코니: 이렇게까지 힘들진 않았지만 2년 전에 담배를 끊었어요.

사회복지인턴: 어떻게 금연을 하셨나요? *(강점과 자원 조사하기)*

코니: 그저 의지력으로 해냈고 가족과 친구들에게 지켜봐 달라고 부탁했어요.

사회복지인턴: 우와, 의지력만으로 금연하는 건 쉽지 않은데, 대단한 강점이네요. 의지력이 어떻게 도움이 되었나요? *(강점 이끌어내기)*

코니: 일단 마음을 먹으면 최선을 다해서 자기 절제를 잘 할 수 있죠.

사회복지인턴: 당신은 매우 자기 동기가 강한 사람 같군요. *(강점 인정하기)*

코니: 고맙습니다. 그렇게 생각해요.

사회복지인턴: 이것이 당신이 변화하는 데 어떻게 도움이 될 것 같나요? *(강점 이끌어내기)*

코니: 저는 저에게 그런 면이 있고, 이제 그것을 포기하지 말아야 한다는 걸 알았어요. 제가 한번 확실히 마음을 먹으면, 그에게 돌아가려 하지 않을 거예요. 저는 늘 그랬듯 제 아이를 위해 좋은 인생을 잘 꾸려나갈 수 있다는 걸 알아요.

찾아보기

ㄱ

가치와 목적   109
강점   112
강점 찾기   4
결심공약   171
결심단계   21
결정저울   117, 134, 142, 146, 231
경청   211
계획하기   174
공감   49
공감 표현   33
공감적 반영하기   5
관계 형성하기   149
구체적인 실천   171

ㄴ

낙인 찍기   150

ㄷ

단순반영   72
닫힌 질문   54
대위법(point－counterpoint)   201
대인관계 치료   7, 190
동기강화상담   13

ㅁ

문제 행동   118, 121
문제인식   64

ㅂ

반영적 진술   30, 33, 35, 42, 49
반영진술   33, 218
반영하기   4
변화 계획   113
변화결심공약   229
변화 능력   171, 229
변화단계   226
변화단계 모델   13, 30
변화대화   5, 229
변화를 향한 실천   229
변화에 대한 열망   171
변화 이유   171, 229
변화 열망   229
변화의 단점   198
변화의 장점   195
변화의 필요   171
불일치감   5
비판단적인 공감 반응   211

ㅅ

사정 193
사정하기 158
생리심리사회적 사정 100
수용 3
숙고단계 16, 30
실행단계 24
실행활성언어 171
실행활성화 229

ㅇ

약물치료 201
양가감정 3, 75, 117, 124, 169, 205
양면반영 75, 109, 110
연민 3
열린 질문 53
열린 질문하기 4
염려 64
요약하기 4
우울증의 장점 196
유발성 3
유지단계 26
유지대화 71, 226
의제 설정하기 192
인정하기 97
인지－행동 치료 7
인지부조화 이론 5

ㅈ

자기 동기강화 진술 63
자기－동기화 진술 122
자기효능감 97, 111, 112, 205,

206, 219
자율성 211
재구조화 76
재구조화하기 98
재발단계 27
저항 226
전숙고단계 14, 30
주요우울장애 189
주체성 44
지속성 우울장애 189

ㅊ

척도 질문 172
초기면담 100, 108
초이론적 변화단계 206
초이론적 변화단계 모델 13, 207
초점 바꾸기 77

ㅍ

평가하기 함정 150

ㅎ

행동 변화 7
협동관계 210
협동정신 3, 175
확대반영 73

참고문헌

본 QR코드를 스캔하시면,
'사회복지현장에서의 동기강화상담'의 참고문헌을
참고하실 수 있습니다.

저자 약력

Jacqueline Corcoran

Jacqueline Corcoran(PhD, MSSW)은 Texas Arlington 대학교의 사회복지학부 교수를 거쳐 2000년부터 Virginia Commonwealth 대학교의 사회복지학부에서 교수로 재직하고 있다. Corcoran 박사는 연구방법, 사회복지실천, 정신보건을 가르치고 있으며, 14권의 교과서, 소설, 논픽션을 저술하였다. 저자에 대한 더 많은 정보는 웹사이트 www.jacquelinecorcoran.com에서 얻을 수 있다.

신 성 만

한동대학교 상담심리사회복지학부 상담심리전공 교수로 재직 중이다. 미국 보스턴대학교에서 재활상담학 박사학위를 받고 심리치료 전문가로 일했으며, 하버드 의과대학 정신과 병원에서 교수요원으로 일했다. 주로 중독 관련 학회와 협회에서 활동하고 있으며, 한국상담학회, 한국심리학회, 한국가족상담협회 등에서 활동 중이다. 역서로『불안장애를 위한 동기강화상담』(공역, 시그마프레스, 2017), 『동기강화상담』(공역, 시그마프레스, 2015), 『정신재활』(공역, 학지사, 2014), 『실존치료』(공역, 학지사, 2014), 『중독상담』(공역, 박학사, 2013) 등 다수가 있다. 중독상담, 인터넷 중독, 정신재활, 동기와 정서, 실존치료에 관심을 두고 연구하고 있다.

장 승 옥

U.C. Berkeley에서 박사학위를 받고 1995년 이후 계명대학교 사회복지학과 교수로 재직하고 있으며, 한국도박문제관리센터대구센터 운영위원장, 대구 마약퇴치운동본부 이사 등의 역할을 수행하고 있다. 역서로『학교사회복지와 탄력성』(학지사, 2008), 『물질남용의 예방과 치료: 사회복지사, 상담가, 치료자, 상담교사를 위한 지식』(공역, 한국음주문화연구센터, 2010), 『복지국가와 바우처』(공역, 학지사, 2012), 『재난개입과 인도주의적 지원 지침서』(공역, 양성원, 2017) 등이 있다. 사회복지실천 전공으로 특히 청소년복지, 학교사회복지, 중독 분야에 관심이 있다.

유 채 영

충남대학교 사회과학대학 사회복지학과 교수로 재직 중이다. 서울대학교에서 사회복지학 박사학위를 받았고, 주로 정신보건 및 물질 남용 분야의 전문사회복지사로 일했다. 중독 관련 학회와 협회에서 활동하고 있으며, 중독 예방 및 치료재활 서비스 자문과 중독전문가 양성에 주력하고 있다. 역서로 『집단 동기강화상담』(공역, 박학사, 2016), 『중독전문가 윤리』(공역, 학지사, 2010), 『중독영역에서의 슈퍼비전』(공역, 학지사, 2009), 『중독자를 치료로 이끄는 가족훈련접근』(공역, 용의 숲, 2009), 『알코올·약물중독자 치료와 재활을 위한 치료공동체』(공역, 도서출판 KOSACC, 2002) 등 다수가 있다. 중독상담, 정신보건, 실천윤리에 관심을 두고 연구하고 있다.

김 준 영

케이스웨스턴리저브대학교에서 사회복지학 박사 수료를 했다. 서울대학교에서 사회복지학 석사학위를 받고 전문상담원으로 일했으며, 한동대학교에서 강의했다. 연구 관심사는 약물중독 및 정신장애와의 공병문제, 문제 성행위 및 행동중독, 정신재활서비스 등이다. 현재에는 biostatistician으로 종단자료 양적연구방법론을 활용하여 임신 중 약물중독 문제를 보인 산모에게 태어난 아이들의 전 생애 정신건강 발달과정 연구(PI: S. Minnes, NIDA R01 07957)에 초점을 두고 있다. 대표 역서로는『불안장애를 위한 동기강화상담』(공역, 시그마프레스, 2017)과 『정신재활』(공역, 학지사, 2014)이 있다.

사회복지현장에서의 동기강화상담

초판발행　　2017년 9월 15일

지은이　　　Jacqueline Corcoran
옮긴이　　　신성만 · 장승옥 · 유채영 · 김준영
펴낸이　　　안상준

편　집　　　배근하
기획/마케팅　노　현
표지디자인　김연서
제　작　　　우인도 · 고철민

펴낸곳　　　㈜ 피와이메이트
　　　　　　서울특별시 마포구 월드컵북로 400, 5층 2호(상암동, 문화콘텐츠센터)
　　　　　　등록 2014. 2. 12. 제2015-000165호
전　화　　　02)733-6771
ｆａｘ　　　02)736-4818
e-mail　　　pys@pybook.co.kr
homepage　www.pybook.co.kr
ISBN　　　979-11-88040-27-8　93180

* 잘못된 책은 바꿔드립니다. 본서의 무단복제행위를 금합니다.
* 역자와 협의하여 인지첩부를 생략합니다.

* 책값은 뒤표지에 있습니다.

박영스토리는 박영사와 함께하는 브랜드입니다.